職場と信仰

“不当な要求”を受けたとき

高橋秀典［著］

いのちのことば社

はじめに

二〇二〇年春の新型コロナウイルス危機によって、世界経済は一九二九年の世界大恐慌以来の不況に陥っているとも言われます。あの大恐慌から世界は第二次世界大戦の破滅に向かいました。今は情報網が決定的に異なりますから、昔のような自国中心主義のブロック経済によって互いを追い詰めるようなことにはならないと期待はできます。また株価の動向を見る限り、多くの人々はそれほど悲観的なシナリオを描いているわけではないとも思われます。

ただし、今回のコロナショックで働き方の変化が急速に起きており、将来この変化に適応できる人と、できない人の格差は広がってくることでしょう。それぞれの職場もある意味で、生き残りをかけて、就業者への要求を強めざるを得なくなります。そこでは以前のようなパワハラは起きないとしても、一人ひとりへの〝不当な要求〟が強められる可能性があります。職場が危機（ピンチ）を機会（チャンス）に変えられるかどうかは、そこにいる一人ひとりの働きにかかっているからです。

それにしても多くの信仰者は、自分の回心を語る際、「あなたがたは自分の背きと罪の中に死んでいた者であり、かつては、それらの罪の中にあってこの世の流れに従い、空中の権威を持つ支配者、すなわち、不従順の子らの中に今も働いている霊に従って歩んでいました」（エペソ2・1、2）という状態から救い出されたと語ります。ただそれは、未信者の職場の上司も同僚もサタンと悪霊の支配下にあると言っていることかもしれません。ですから、職場に理想を求めること自体が、神学的には無理であるとも言えましょう。それでいながら、自分が抱いている理想の基準で、職場を断罪するとしたら、それはもともと不可能を要求していることになります。

ところが私たちは、信者、未信者を問わず「神のかたち」に創造されているので、多くの面で道徳律を共有することができます。だからこそ、信仰を超えた協力関係が生まれます。つまり、信仰者はこの世界で神にある理想を追い求めながらも、同時に、世界が弱肉強食の論理で動く面があるという現実をそのまま受け入れるしかないのです。俗世間のしがらみから自由になる出家的な生き方を、神は私たちに望んではおられません。私たちはそのような大きな社会変革のただ中に置かれるかどうかは、誰にも断言できません。一年後に自分の職場が残っているかどうかは、誰にも断言できません。以下に、個人的な体験から、それぞれの職場でどのように理想と現実の狭間で生きているかを共に考えることができればと願っております。ます。一見、大昔のことを語っているように見えるかもしれませんが、そこに時代を超えた現実をお読みいただけるなら幸いです。

入社三日目で、「飛び込み営業」の研修を受けたとき、「（職業選択に関する）神のみこころを読み間違えてしまった。僕の人生は、これからどうなるのだろう……」と暗い気持ちになりました。それは一九七六年の頃、終身雇用をベースに会社選択を考えるのが当然の時代でした。しかも、最初の三年間は、まったく新しい顧客をゼロから開拓するのが務めでした。電話や訪問自体が、ほとんどの相手にとっては迷惑なことです。しかも、株式投資をする顧客になっていただいても、ご迷惑をおかけすることが多くあります。熱く薦めた株式の値段が下がるのは日常茶飯事だからです。しかも、こちらにとって最高のお客は、証券会社からの融資を受けて短期売買（信用取引）をしてくれる方で、それはまさにギャンブルとしか思えませんでした。会社の同僚とは、「俺たちの仕事の場は、所詮、資本主義のごみ溜めに過ぎない」と自嘲気味に語り合っていました。

新入社員にとっての最大の務めは、投資信託販売のノルマを達成することでした。最近になって、ゆうちょ銀行の投資信託不適切販売のことが話題になりましたが、当時の投資信託の販売手数料は現在よりはるかに高く、しかも証券会社にとっては、投信委託という子会社に預けられたお金の運用で株式や債券投資の手数料が入り続けるので、これほど「おいしい話」はありません。そのため、販売ノルマを達成するための締め付けは驚くほど厳しくなります。成績を出せない社員は、人間扱いされません。しかも、運用実績を見ていただく間もなく、次々と新規の顧客を開拓しなければノルマを達成することはできません。しかもノルマを果たすことができれば、さらに高いノルマが次に課せられるのが常です。どこまで行っても終わりがありません。まさに、「〝不当な要求〟を受けつつ生きるのが営業職」と言えましょう。

私は、そのような職場にいながら、「こんな仕事に何の意味があるのか？」と悩み続けていました。私の場合は、「こんな仕事は、もうやってられない……」と思った時期に、ドイツへの二年間の社費留学の道が開かれて、合計十年間、職場に在籍することができました。

この社会には様々な営業職があります。今も、通信回線管理会社からの乗り換えの勧めの電話を受けながら、「この営業担当者も、過大なノルマの達成に苦しんでいるのだろうな……」と同情を覚えることがあります。昔は「親方日の丸」と、悠然と構えていればよかった郵便局職員の方々でさえも、ノルマ達成のために良心に反する仕事をしなければならないという現実があります。しばしば、キリスト教会のメッセージでは、「このような仕事の矛盾は、社会全体が神のみこころに反する形で動いているからだ……」と、評論家的なことが語られることがあるかもしれませんが、目の前のノルマ達成に悪戦苦闘している人に、「それが何の慰めになるのか……」と思ってしまいます。

このような問題は、個人顧客の開拓に関わる営業の場ばかりか、そのような営業実績と無関係な官公庁の仕事にも起きます。以前、牛海綿状脳症（ＢＳＥ）の危機が騒がれた際に、「全ての牛は、と畜場において、食用に適しているかどうか、と畜検査員（獣医師）による検査を受けています」という形を整えることで、問題の解決が図られました。しかし、専門家の冷静な判断では、「発生個体数から考えても、ランダムに検体を抽出して安全を確認するスクリーニング検査をすれば十分に安全を確保できる」とのことでした。事実、全頭検査を実施したのは世界で日本だけであり、現場で検査する獣医師は不合理を知りながら全頭検査を長らく続けざるを得ませんでした。全頭検査はコストが数百倍になりました。しかし、それでも、一万分の一パーセントのリスクを回避するために、このような確認実績を積む必要がありました。しかし、そのためにただでさえ不足している獣医師が、もっと必要のあると思われる仕事に取り組むことができなくなります。私の友人の獣医師は、「これは政府の決定だから、従うのが自分の義務であるけれども、本当に無駄な仕事だと思う。自分としてはもっと情熱を感じられる仕事をしたい……」という趣旨のことを言っていました。

しばしば、公務員には明らかに無駄と分かっている仕事を、指示どおりに行うことが求められます。これは利益や効率性を第一に考える民間企業とは対照的です。ただ、自分で納得できないまま、上司の指示に従わざるを得ないという点ではまったく同じです。それは特に、高い理想を抱いて仕事を始めた人であればあるほど、耐えがたい苦痛に感じられるのではないでしょうか。

たとえば小学校教育の現場では、それぞれの児童の個性に合わせた教育の必要が強調されています。それ自体は良いことですが、その結果、時に起こることが、教員一人ひとりが、それに関する何らかの記録を残すというペーパーワークが増えるということです。また、いじめの問題が大きくなると、「日ごろからそのような問題に気を遣い、適正に対処していた」という形の記録を作る必要が生まれてきました。しかし、現場の教師にしてみれば、「子どもの個性を伸ばし、いじめを未然に防ぐには、子ども一人ひとりと接する時間を増やすことが何よりも大切なことである」と言いたいことでしょう。しかし、「書類の数が多すぎて、いくら残業しても間に合わない」という現実が起こっているかもしれません。これもある意味で、「〝不当な要求〟に悩みながら生きる人」の声です。

また、経理の仕事をしておられる方は、消費税率や課税基準の変更のたびに大変な作業が生まれますが、時に経営者が変わることで、システムや決算数値の表現方法の変更を迫られることがあります。財務諸表やその内訳の発表の仕方は、経営判断に直結しますから、経営者には自分が見やすい発表の仕方を要求する権利がありますが、それと法令に定められた記帳の仕方、またそれまでの会社で築き上げられてきたシステムとの整合性も大きな問題になります。経理担当者は、時に夜を徹してそれらの要求に対処する必要があります。

また東芝のような巨大企業においても、米国の原発企業の買収後の、財務数字の粉飾、改ざんが行われました。明らかにそれは経営トップの判断でなされたことであり、現場の経理担当者は、その問題が分かっていたとしても、それに抵抗する力は持っていません。そのような〝不当な要求〟に、どのように対処するかが、キリスト者には問われています。

どのような組織にも矛盾があり、その職場にいる者は、良心の呵責に悩まざるを得ない場面に直面します。そのような際に、しばしばオール・オア・ナッシングの結論が求められることがあります。時にそのような場で、自分の良心に反した行動を取らざるを得なくなった信仰者は、「所詮、職場で神に従うことは無理だ、だから教会に行っても意味がない……」と思うか、または、「信仰生活と職場の生活は次元が異なる、だから、職場では自分の信仰は忘れて生きるしかない」という二元論に生きるという、両極端に流れる可能性があります。

しかし、自分の仕事を、「生きていくために仕方なくやっている……」という気持ちほど、切なく悲しいものはありません。それでは失礼ながら、「あなたは何のために、創造主を信じて生きているのですか」とお聞きしながら、「あなたはひょっとして『死んでも天国に行ける』という希望だけで心が満たされているというのですか」と畳みかけるように問いたくなってしまいます。

多くの働き盛りの人にとっては、「職場での会話や作業の時間のほうが、家族や信仰の友と語り合う時間よりもはるかに長い」という現実があると思われます。そのような中で、「〝不当な要求〟を受けつつ生きる」という職場の現実を、未整理のままにしておいて良いのでしょうか。本著では、それに対して白か黒かの判断を付けるよりも、別の視点から見直す提案をしたいと思っています。それは問題をより高い天の視点から見るということと、解決がすぐには見えない問題のただなかに身を置いて「うめいている」ということ自体に意味があるということ、また、現在は何もできないようでも、その矛盾に真摯に向き合うことが、将来の変化の種になっているというようなことです。

ここでなされる提案や新たな視点の中には、多くの教会の指導者からご批判を受けるものも多々あろうかと思います。私自身も、今から二十年前に、このようなことを書く勇気はありませんでした。ただ、その頃から、考えてきたことの基本は変わりませんし、個人的にはそれを語ってきました。そして、本にして公にするためには、聖書全体のストーリー、またこの世の権威と神のご支配に関しての様々な神学的見解を整理する必要がありました。私が新入社員として苦しんだ四十年前と現代は働き方や仕事の仕方も大きく変わってきています。しかし同時に、そこには時代を超えた数千年前からの仕事の現実と神の前でのあるべき姿との永遠の葛藤があります。そのようなことをともに本著を通して考えることができればと願っています。

目次

装丁　長尾　優

第一部　神から離れた社会で生きることの意味

人間はすべて人と人との間で生きざるを得ません。そして、ホモ・サピエンスと言われる人種がこの地上の支配者となることができた決定的な要素に、想像上の現実を共有するという「認知革命」があったと、ユヴァル・ノア・ハラリは『サピエンス全史――文明の構造と人類の幸福』において述べています。そこで彼は「人間の大規模な協力体制は何であれ、人々の集合的想像の中にのみ存在する共通の神話に根差している。……想像上の現実は嘘とは違い、誰もがその存在を信じているもので、その共有信念が存続する限り、その想像上の現実は力を振るい続ける」と述べています。[1]

これが驚くほど歪んだ形で現れた実例もあります。たとえば、「天皇を中心とした神の国を大東亜共栄圏として実現する」というような戦前の思想です。悲惨な結果を生み出しはしましたが、あの巨大な中国大陸に攻め入り、同時に、当時の日本の六倍もの国内総生産を持つ大国アメリカと途中までにせよ互角に戦ったというのは、日本的な団結力のなせるわざとも言えます。もちろん、それを正当化するようなことは絶対にしてはならないことですが……。

しかし、そのような共通価値観を暗黙のうちに強制する日本社会で生きることは、誰にとっても大変なことです。私自身は米国留学中にイエスを救い主として信じ受け入れましたが、そのときの動機に「日本的な村社会の価値観から自由になりたい……」と思ったという面がありました。しかし、野村證券という会社に入って初めて学んだのは、創業者野村徳七氏の証券業に取り組む理想であり、野村證券の社歌です。また「顧客の注文伝票を書く」ということを「ペロ切る」と略して言うなどです。私たちはだれも、そのような集団のカルチャーから完全に独立しては生きることができません。

しかし同時に、決して妥協してはならないという現実に直面することもあります。ただそこで、日本が異教社会であるという以前に、どの集団にも暗黙のうちに共有されている価値観があり、それにオール・オア・ナッシングの対応はできないということを覚えるべきでしょう。いわゆるクリスチャン企業や組織にも、また教会にも、必ず相いれない価値観があるというのは当然とも言えます。「クリスチャンだから同じように考えるはず……」などと期待したら、とんでもない失望を味わうことになるでしょう。

第1章　神のかたちとして生かされる

私たちが自分の仕事の意味を見出すための原点は、神がこの世界を創造し、人を「ご自身のかたち」として創造されたことです。昔から、「神のかたち」は動物と異なった人間の能力に結び付けて解釈される傾向がありますが、宗教改革者マルティン・ルターは自分のかつて所属した修道会の開祖アウグスティヌスを、皮肉を込めて批判して「記憶、意志や知性を確かに我々は持っている。……もし、これらの力が神のかたちなら、サタンも神のかたちに作られたことになる。というのは、サタンはこれらの力を、我々よりはるかに高い程度で持っているのだから」と記しています。[2]

聖書では、人間が禁断の木の実を取って食べた結果、「神のかたちを失った」というような説明は記されていません。事実、大洪水の後でノアと息子たちを祝福した際に、神は「人の血を流す者は、人によって血を流される。神は人を神のかたちとして造ったからである」（創世記

9・6、傍点筆者）と言っておられます。これは、すべての人のいのちの尊厳を語ったもので、その人の能力や罪深さにも関わりなく、すべての人間に当てはまる原則です。

まさに「神のかたち」とは、神が一人ひとりを「高価で尊い」者（イザヤ43・4）と見ておられるという原点を示すもので、そこではすべての人間に対する神の期待、また神から与えられた使命が語られていると言えましょう。その原点である創世記1章26－28節には次のように記されています（傍点筆者）。

「神は仰せられた『さあ、人をわれわれのかたちとして、われわれの似姿に造ろう。こうして彼らが、海の魚、空の鳥、家畜、地のすべてのもの、地を這うすべてのものを支配するようにしよう。』神は人をご自身のかたちとして創造された。神のかたちとして人を創造し、男と女に彼らを創造された。神は彼らを祝福された。神は彼らに仰せられた。『生めよ。増えよ。地に満ちよ。地を従えよ。海の魚、空の鳥、地の上を這うすべての生き物を支配せよ』」

ここには「神のかたちとは、何か？」という定義は記されてはいません。一つ示唆されるのは「神の似姿」と言い換えられ、その二つのことばには、ほとんど同じ意味があるということです。事実、5章1－3節では「神は、人を創造したとき、神の似姿として人を造り、男と女に彼らを創造された。……アダムは……彼の似姿として、彼のかたちに男の子を生んだ。彼はその子をセツと名づけた」と記されています（傍点筆者）。「かたち」と訳されたことばは、英語ではほとんどの場合「イメージ」と訳されています。それこそが、目に見えない神を目に見えるイメージとして表す偶像の役割でした。

　聖書で偶像礼拝が厳しく禁じられていることの理由の一つは、人間こそが神を現す像（イメージ）として創造されているからでもあります。しかも、それは男性ばかりか女性にも当てはまるというのは今から三千年余り前には考えられないことでした。

神から任された仕事

「神のかたち（イメージ）」の定義に関しては、その程度しか分かりませんが、「神のかたち」に創造されたことの理由は先の創世記の記述では明らかです。それは、「すべての生き物を支配する」ためであると明確に記されています。そして「支配」ということばは、当時としては、それぞれの国の王が民を「支配する」ということと同じ意味でした。

　ただそれは、絶対君主が無力な民に高い税金を課し、戦争に駆り立てるというような「支配」ではありません。申命記17章14―20節ではイスラエルの民が王を立てる場合の原則が、「同胞の中から王を立てる」「王は、決して自分のために馬を増やしてはならない。……多くの妻を持って、心がそれることがあってはならない。自分のために銀や金を過剰に持ってはならない。……このみおしえを巻物に書き写し、自分の手もとに置き、一生の間これを読まなければならない。それは、王が自分の神、主（ヤハウェ）を恐れ、このみおしえのすべてのことばと、これらの掟を守り行うことを学ぶためである。それは王の心が自分の同胞の上に高ぶることのないようにするため……彼とその子孫がイスラエルのうちで、長くその王国を治めることができるようにするためである」と記されています。米国の大統領就任式で聖書に手を置いて宣誓がなされるのはこのみことばに基づくのかもしれません。どちらにしても、王の責任はその国に平和を保つことですが、それは王だけの責任ではありません。

創世記1章は、「神は仰せられた。『光、あれ。』すると光があった」（3節）と記されるように、神の独白で世界が創造されていきます。しかし、人間に対しては、「神は彼らに仰せられた。『生めよ。増えよ。地に満ちよ。地を従えよ。……すべての生き物を支配せよ』」（28節）というように対話形式で命令が与えられています。つまり、すべての人間は、神との対話の中で、神の代理としてこの地を治める責任が委ねられているのです。

私たち一人ひとりが、この地における神の代理の「王」として、この地を治める責任が委ねられているという事実は、なんと恐れ多いことでしょう。

私たち一人ひとりに「神のかたち」としての創造的な判断力や感性が与えられており、私たちは決められた動きしかできないロボットではありません。たとえば、最近、父が天に召されたときですが、郷里の町役場に死亡届を提出しました。そのとき担当してくださった方は、こちらの悲しみに寄り添いつつ、懇切丁寧に、年金や金融機関、また土地の名義変更その他の手続きなどを教えてくださいました。私たち一人ひとりが日本国籍を持っていることに伴う様々な権利や便宜が、そこに凝縮されています。国民一人ひとりの権利を守る責任が政府に委ねられていますが、それはすべて法律に従って公平になされますから、すべて人工知能の処理に任せてもよいことかもしれません。しかし、そこに担当者の温かいことばがあるのとないのとでは大違いではないでしょうか。また最近は、日本への移住を望む外国人が急増していますが、その判断基準も人工知能に任せたほうが公平性は保たれるかもしれません。しかし、一人ひとりの特殊事情に合わせた説明が、その人の理解できることばで丁寧になされるなら、どれほど大きな助けになることでしょう。

また政府には様々な許認可業務が委ねられています。私たちの教会も、自前の会堂が取得できたことで、宗教法人格の取得に向けて監督官庁に通って、申請に向けての助言をいただいています。その際、認可をしてくださる側の担当者が、どのような基準が大切にされているかを説明してくださることは、本当に助けになっています。このような許認可業務は、まさに一人ひとりの人生を左右する大きな仕事です。古い封建制度の中では役人の権威に庶民はひざまずくしかありませんでした。しかしこれが現在、人と人との対話の中でなされることは、国全体の雰囲気を変えることかもしれません。それらの人々は、ある意味で、王の代理として国民一人ひとりに対応しています。そしてそのようなこの世的な権威を何一つ委託されていないと思われる信仰者であっても、一人ひとりが、創造主の代理としてこの世に遣わされています。そこで、あなたのほほえみに満ちた優しい語りかけで、元気を回復する人だっているということをいつも覚えていたいものです

黙示録5章9、10節ではイエスの救いのみわざの意味が、「あなたは屠られて、すべての部族、言語、民族、国民の中から、あなたの血によって人々を神のために贖い、私たちの神のために、彼らを王国とし、祭司とされました。彼らは地を治めるのです」と記されています（傍点筆者）。また、ペテロの手紙第一2章9節では、すべてのキリスト者のことを「あなたがたは選ばれた種族、王である祭司、聖なる国民、神のものとされた民です」と定義しています。イエスは今すでに、「王たちの王、主たちの主」として全世界を支配しておられますが、私たちは今、キリストの大使、王なる祭司として、この地に遣わされ、神から委ねられた働きを全うすることができるのです。[3]

上に立つ権威に従うべき

ただし、そのような神の視点からの霊的な現実を受け止めるように言われても、実際の職場では、私たちはあまりにもちっぽけで、何の力もないように思えます。しかも、私たちはまる

で組織の歯車のように、ただ、上からの指示に従わざるを得ない面があります。

それに対し、使徒パウロはローマ人への手紙13章1節で、「人はみな、上に立つ権威に従うべきです。神によらない権威はなく、存在している権威はすべて、神によって立てられているからです」と述べています。この手紙が記されたのは、パウロの第三回目の伝道旅行でギリシアに滞在したときだと思われます（使徒20・2、3）。それは紀元五七年ごろと思われ、そのときのローマ皇帝は、あの悪名高いネロでした（在位、紀元五四―六八年）。ネロの初期の統治は哲学者セネカの助言に従った穏健なものであったとも言われますが、パウロの先のことばは、どのような時代にも適用されるべき基本的な原則であると思われます。それは、この世界に秩序をもたらすための「剣」に基づく支配であり、その権威を持つ人は、「あなたに益を与えるための、神のしもべなのです」とも呼ばれます（ローマ13・4）。

私たちの日々の仕事は、何らかのこの世の権威のもとでなされています。たとえば私自身は先に述べたように、最初の国内支店営業の際、自分の証券営業の働きをあまりにも空しく、無意味な働きかのように感じていました。それでも課せられたノルマを達成するために、時にはかなり無茶な営業もしました。

ただ、自分の子が誕生したとき、「この子に誇ることができるような仕事をしたい……」と思うようになりました。その結果、営業成績は下がり始めました。私のことを心配した支店の次長は、わざわざ私の家を訪ねて来てくださいました。私は彼に、「この仕事が自分の信仰の良心に反するように思えて、空しくてたまらない」という趣旨のことを話しました。

それに対し彼は、「俺も顧客に迷惑をかけるたびに辛くてたまらなかった。週末には、布団から抜け出られないほど苦しんでいた。しかし、同時に自分がもっと営業努力をして顧客の層を広げない限り、この葛藤から自由になることはできないと、いつも必死に仕事をしていた」と、正直にご自分の悩みを打ち明けてくださいました。私は彼が仕事の矛盾に居直ることなく、真剣に仕事を改善しようとしておられる姿勢を聞いて深い感動を覚えました。

ただ、それでも「この証券営業の仕事が、神のご意志に反するように感じる」という趣旨のことを言ってしまいました。それにも彼は優しく、「仕事というものは、どんな立場にいても、自分の意志に反することがつきものだ。課長は部長の意志に逆らえず、部長は役員の意志に、役員は社長に、社長は大株主に逆らえない。役人は政治家に、政治家は選挙民に従わざるを得ない……」と語ってくださいました。彼は、聖書とは無縁の人でしたが、ある意味で、「上に立つ権威に従う」という聖書の真理を語っていたのかと思います。

ただ、それにしても、自分の信仰的な葛藤を信頼できる上司に話せたことには大きな意味がありました。彼はその後、副社長にまで上り詰めますが、それ以前から本社の人事部にも太いパイプを持つ人でした。それから半年もたたないうちに、ドイツへの社費留学の打診がありました。今思うのは、キリスト教国での営業要員として育てる可能性を考えてくれたのかとさえ思います。

仕事の神学的な位置付け

国際金融の中心地であるニューヨーク市のマンハッタンに五千人もの礼拝者が集まる教会（長老派）を開拓したティモシー・ケラーは『この世界で働くということ――仕事を通して神と人とに仕える』という本の中で、この世界での仕事を神学的に次のように説明しています。

「明確な事実……とは……歴史の終わりに『キリスト・イエスの日』が来るまで完璧なものは何一つ存在しないということです（ピリピ1・6、3・12）。それまでは、すべての被造物はともに『うめき』（ローマ8・22）を上げるものであり、滅びと弱さにさらされています。つまり、仕事が完璧に正しくなるのは、天と地が再び一つになり、人間が『国籍を持つ本当の国』に住む時だけです。仕事が完全に救われるということはナイーブ、ある意味傲慢なことです。

そうはいっても、すべてが失われてしまったわけではありません。……神にある超越的な希望は（そして創造的な仕事がどんなものであるかという歓喜のビジョンは）、この世界でこの世界という限界の中で満足感を得ながら仕事をする私たちを助けてくれます。キリスト教の福音は、今日、より刺激的で、現実的で、満足感を覚え、勤勉に仕事をするための手助けを、私たちにしっかりと与えてくれます。どんなふうに？

第一に、福音は仕事に対して社会とは別の筋書きを提供しています。すべての仕事の原動力は、人間の世界観、あるいは人生とは何か、そして何が私たちの繁栄を手助けするのかという話にあることを考えれば、この点は重要です。（神は世界を美しく創造されたが、被造物に過ぎない人間が神に逆らって生きるようになったせいで、世界は罪の支配下に墜ちた。キリストはご自身の血によって、世界を罪の支配から贖い出し、私たちが神の栄光のために生きられるように変えてくださる。）

第二に、キリスト教の信仰は、仕事について新しく豊かな概念を与えてくれます。その概念とは、神が世界を愛し思いやってくださるという中で、私たちが神のパートナーとして働くということです。聖書に基づいたこの考え方があれば、私たちは……すべての仕事に価値を認めます。（全世界には一般恩寵とも呼ばれる神のあわれみが普遍的に注がれている。人間の仕事は神の創造の御業の延長にあり、信者、未信者を問わず、世界をより美しくするために協力し合うことができる。）

第三点目として、福音は非常に敏感に反応する道徳の羅針盤を与えます。それは健全な多くの倫理的指針を通して、私たちの決断を助けてくれます。また福音は人間の心についても賢明な助言をしてくれます。（聖書には何が正しく何が間違っているかの基準が記されている。私たちは神が喜ばれる仕事を追求しながら、この世界の倫理基準を神の基準に近づけるように努める責任がある。）

最後に、福音は仕事をする私たちの動機を大きく変え、新しくまた継続的な内なる力で（よいときもわるいときも）私たちを満たしてくれます」[4]（安息日を守り、礼拝を人生の基本に置くことで、自分が神にとってのかけがえのない存在であることが覚えられ、それによって生産能力で人を計り仕事に使われる代わりに、神の力によって仕事を支配できるようになる）（カッコ内筆者）

その上でケラーは、本著の第三部「福音と仕事」において上記の四つの仕事に関するビジョンを分かりやすく解説していきます。興味深いのは、彼はその脚注の中で、それぞれのビジョンをどの神学的な立場から解説したかを説明していることです。第一の「仕事のための新たな物語」は、「改革派による明確な世界観から」記し、第二の「仕事に対する新たなコンセプト」は「ルター派によるすべての人間の仕事は神の創造物と人類を守る手段であるという観点から導き出されている」と述べています。また第三の「仕事のための新しい羅針盤」は「仕事における倫理的言動、特に社会正義を強調する教会一致運動の主流派の考えとある程度合致している」と記し、第四の「仕事のための新たな力」は「個人の救いや霊的成長を主眼とする保守的福音派の意見と調和」しているとあえて解説しています。[5]

またケラーは都心伝道の手引き的な大著『Center Church』を記していますが、その中で第一の視点をカルヴァン主義的なこの世界の変革を促すもの、第二の視点をルター主義的な二王国論、第三の視点を自由主義神学的な世界との協調、第四の視点をこの世との分離を説くものと定義付けながら、これらは互いに排除し合う教えではなく、この世界で働く際の様々な場面に適用できる、互いに補完し合える聖書の教えであると、神学的な統合を訴えています。[6]

私たちは仕事の中で「うめき」ながら、同時に、仕事を神から任されたものとして積極的に受け止めますが、その際の神学的な理解の仕方については、それぞれの教派的な立場によって強調点がかなり異なる面があります。ケラーは世界の金融の中心地で伝道しながら、様々な教派的な背景の人を受け入れ、キリストにあっての協力関係を築いています。私も本書においては、ケラーのように体系的には記すことはできませんが、ある特定の神学的な立場というよりは、様々な観点から仕事の矛盾とビジョンに関して記していきたいと願っています。

第2章　証券業界の存在意義

ドイツの大学に留学し、欧米と日本の証券市場とを改めて比較して気づかされたことがあります。それは日本の戦後の驚異的な経済成長と個々の企業の成長に証券市場が大きな貢献をしていたということです。私は株式市場での個別企業の株価の激しい動きがまるでギャンブルのように思えていました。そして、証券営業は「人々にギャンブルを勧める卑しい仕事」に見えていた面があります。それればかりか、そのように評価する人も多くいました。

札幌支店での営業で、ある地元企業の社長と面会できたときのことです。彼は私の経歴を聞いて、「おまえは北大を出て、株屋に就職したのか。ほんとうに馬鹿じゃないの……」とあきれておられました。そう言われた自分も、「北大出身者が優遇される地元の有力銀行に就職していれば、もっと楽に仕事できたのに……」と思ったほどでした。しかし、その銀行はバブル経済崩壊後に、倒産の憂き目にあいます。

銀行と証券会社の業務の本質的な違い

銀行の場合は、企業に融資した資金が返済されないと大きな損失が生まれますので、その貸し出しの審査においては、将来の成長の可能性などを見る前に、担保の価値などが注目されます。二〇一三年まで十年間イングランド銀行総裁を務めたマーヴィン・キングは『錬金術の終わり』という著書の中で、銀行の定義に関してあるコメディアンのことばを引用しながら「銀行とは『お金がいらないことを証明できる人にだけ、お金を貸してくれるところ』である。しかし、銀行からお金を借りる人の大半は、本当にお金を必要としている」と記しながら、どのように企業の信用力が計られるかを解説しています。[7] 銀行は貸し付けた相手の銀行口座の資金の出入りを観察できるので、有利な立場にありますが、それでもその企業の将来的な成長性を確実に予測することはできません。

しかし証券市場において評価されるのは、何よりも経営者の情熱や企業の技術開発力などの、将来の成長を生み出す可能性です。株式市場での取引量が増えれば増えるほど、取引される会社の株価には、その会社の成長可能性が敏感に反映されます。大きな期待をもって株式を買う人は、判断が誤ってもすぐに売却して現金化できると思うからこそ、大胆に投資することができます。しかも、投資する人の数が多ければ多いほど、その会社が期待どおりの成長を遂げられなくても、一人ひとりの危険を分散することができます。また株式を購入することは、その会社に資金を投資することですが、投資者はもともと、その会社の将来的な可能性に懸けて資金を出しており、最悪、その期待が裏切られたときの備えができているものです。

これは私たちが他の人との人間関係を築くことに似ています。そのとき、ほとんどの人は、それまでの経歴以上に情熱や成長の可能性を評価してもらえると、驚くほどの力を発揮することができるようになります。また、そのような人との協力関係を築こうとする人も、短期的な失敗に左右されることはありません。たとえ、期待を裏切られたと思っても、もともと将来の可能性への賭けのようなものだったと思うと諦めがつきます。そしてそのように互いの可能性を評価し合えるような人間関係には、希望と喜びが生まれます。失敗を恐れるあまり、互いに警戒し合い、互いの小さな過ちを指摘し合うような人間関係では、まさに息が詰まります。

短期的な株式の売買が奨励されるような市場においては、企業の将来的な可能性が明らかになるたびに株価が上がります。同時に、その会社の成長の可能性に疑問が出ると、それもすぐに株価に反映されます。会社の成長の可能性が、驚くほど多くの人の多様な視点から、公平に評価されていきます。そして、成長の可能性を認められた会社には、証券市場を通してお金が集まってきます。減点主義ではなく、可能性において評価されるというシステムこそ、株式市場です。

戦後の日本では、多様な人々が参加する市場での「株価」という尺度で、その会社の価値が評価されてきた面があります。そこにまた、人々が貯蓄してきた大切なお金が、金融機関を通して集まってきました。また日本では、最近まで米国のシステムに倣って、銀行業務と証券業務の垣根が明確であったため、成長可能性を重んじる証券市場の特徴が生かされる発展を遂げてきたと言えましょう。ただ、一九八九年十二月に至る証券バブルは行き過ぎで、それによって大きな痛手を負った投資家が、なお証券市場に戻ることができていないのはきわめて残念なことです。

株主資本主義の限界？

最近は米国流の「株主資本主義」を、四半期ごとの短期利益と株主配当額に株価が左右される「カジノ資本主義」であると批判する論調も新聞や雑誌に登場しています。それに対し、「みんなを幸せにする『公益資本主義』のすすめ」というような論調も出ています。

しかし、株価の変動はそのときその世論全体によっても左右されるものです。たとえば「環境保護」の大切さが話題になればなるほど、そのことに長期的に取り組む会社が評価され、それが株価に反映されるということもあります。現在の株価形成があまりにも短期的な企業利益に左右されすぎているとしたら、それはマイナス金利などという最近の金融市場全体の事情に影響されているとも言えましょう。

とにかく、株価を決めるのは企業利益と同時に、市場参加者の価値観や期待です。ですから、環境保護の観点が株価に反映しないのは、システムが悪いというよりも、世論が未成熟であることの結果とも言えましょう。そこにキリスト教界の登場の意味があります。ところが残念ながら、「株式市場の利益至上主義が悪い……」などと資本主義自体に対する過度な批判に偏ってしまうと、せっかくの大切な情報が「反体制的」とレッテルを貼られ、伝わらなくなってしまうということがあります。

市場システムを否定する方々の多くは、政府による管理の大切さを主張します。しかし、それを決める政治や官僚システムがそれほど透明に、公平に、効率的に機能するというのでしょうか。しかも、政治にはいろんな要素が入り込みます。あるアメリカの宣教師は、「共和党か、民主党か、などという選択を迫られることにほとほと困ってしまう。キリスト教倫理を大切にする観点からは、共和党を支持したいと思うが、富の格差や環境問題、国際政治の観点からは、共和党政権に失望している」という方がいます。また官僚機構というシステムも、公平性を保つ観点からも、前例を尊重する必要があり、変化への対応力がもともと不足しています。

私たちキリスト者はもっと原点に立ち返って考える必要があるのではないでしょうか。人間は、自分を神の競争者としてしまったことによって、エデンの園の外に出ざるを得なくなりました。それ以来どこにおいても「被造物のすべては、今に至るまで、ともにうめき、ともに産みの苦しみをしています」（ローマ８・22）という現実から自由になることができません。つまり、どれほど理想を追求し、それが実現できたとしても、そこには必ず次の新しい問題が発生してくるのです。社会の矛盾は、キリストの再臨の時まで決して無くなることはありません。私たちはそれを前提に、性急な解決ではなく、社会全体を動かす「夢」をまず語るべきでしょう。

夢の共有が社会を動かす

世の中に様々な矛盾があるときに、ある階層やある分野に生きる人々を一方的に悪者にして非難するなら、その時点で協力関係が成立しなくなります。たとえば、一九六三年にマルティン・ルーサー・キングは「私には夢がある」という有名な演説で、「狼は子羊とともに宿り、豹は子やぎとともに伏し」（イザヤ11・６）という神の平和の実現のレトリックを用いて、「かつての奴隷の子孫と奴隷主の子孫がともに兄弟愛のテーブルにつく」という和解の夢を語りました。彼はその五年後に暗殺されますが、その四十年後に、黒人と白人の間に生まれた人が米国の大統領に選ばれました。

夢を語ることは社会を動かします。もちろん、この大統領の政権下でも別の問題が発生したということを決して忘れてはなりません。しかし、黒人と白人の和解という「夢」を語ったことが、そのような大統領を生み出したという実績を前に、聖書の夢の力に感動することができます。

証券市場は夢に敏感に反応します。私の同僚が四十年近く前、つたないドイツ語で投資家に向かって自分のトイレの悩みを説明しながら、ウォシュレットの機能のすばらしさを、「やがて日本中のトイレにウォシュレットが広まり、そのすばらしさが日本を訪れた人から世界に広まると……」語っていました。隣で聞いていた私は、「そう簡単に、事は進まない……」と思っていました。確かにその製品が広まるには様々な課題がありましたが、今や日本の家庭では当たり前のことになってきました。この最王手のメーカーのＴＯＴＯは北九州から始まり、世界の市場を席巻しています。その株価もこの二十年で十倍の水準に上がっています。その夢を共有した時点から株式を取得し、忍耐をもって保有し続けていたら、大きな利益を得ることができたことでしょう。どちらにしても、株式市場の面白さは、そのような夢が、人々の投資意欲を掻き立て、その資金が新製品を開発する会社の設備投資資金になり、新製品が人々の生活を豊かにすることにあります。

そのような見方からしたら、「金儲け主義が、環境破壊の原因だ！」などと、誰かを一方的に非難する代わりに、たとえば、淡々と地球温暖化の問題を語り、その危機感を共有することが大切にされるべきです。その上で同時に、それを解決できる「夢」を語り、それに積極的に取り組んでいるような実例を紹介することこそが世の中を動かすのではないでしょうか。

一方、ヨーロッパ諸国では、大手の銀行が証券業務を兼務するユニバーサルバンキングシステムを採っています。その際、銀行は融資業務を中心に収益を上げ、証券業務は片隅に追いやられがちでした。そのような中で、将来の可能性に懸けるような、リスクを積極的に取っていく金融市場の発展が遅れ、それらがさらに企業の技術革新にマイナスに働いたと思われます。

とにかく、私はドイツで学んでみて、証券市場の大切さに改めて目が開かれました。それによって、ギャンブル的にも思える株式の短期売買にも大きな意味があるということが分かり、仕事により高い使命感を抱くことができるようになりました。

この原則は、どの仕事にも適用できる部分があります。切羽詰まった仕事のただ中に身を置いているとき、その仕事の社会的な意味を見出すことが困難になりがちです。しかし、一歩距離を置いて自分の仕事をより大きな視点から見るとき、多くの場合、そこに積極的な意味を見出すことができます。また時には、海外の事情を知ることによって、日本社会における自分の仕事をより優しい目から見られるようになることでしょう。

第3章　仕事と召命

ただ、私の場合は、北海道の開拓の農民の息子ということもあるのか、証券市場のめまぐるしい動きに合わせて投資の推奨シナリオが変わるような仕事には、どうしても親近感を覚えることができませんでした。しかも、証券会社の株式営業は、顧客が短期的な売買を繰り返せば繰り返すほど収益を上げることができるという面があります（読者の方には、証券会社のアドバイスを真に受けて、株式を買うことをお勧めできません）。それにしても私の場合は、自分の性格もあり、顧客に大胆な売買を勧めることができませんでした。実は、札幌支店でも、フランクフルト支店でも、私は支店全体の収益の柱になるような大口顧客を新規に開拓することができていました。私の顧客を引き継いだ上司が、どちらの店でも、「おまえは、あの客の大きさをまったく分かっていなかったな……」と言ってくださいました。しかし、私は顧客の立場が心配になりすぎて、大胆な売買を勧めることができませんでした。証券営業に携わる者が、顧客よりも臆病では商売になりません。

また、この臆病さは、柔軟性の欠如とセットでもあります。有能な証券マンは、薦めた株式が期待外れの動きをするときに、すぐに顧客に謝罪し、方向転換ができます。証券市場は日々刻々と新しい情報に反応して変化していきますから、今日、確信をもって話したシナリオが明日になったら時代遅れになるというのは当然のことです。

それればかりか、時には同じ会社内で、大口顧客に売り逃げをさせるために、あえて多くの支店に投資推奨の指令が飛ぶということがあるかもしれません。それはトランプのババ抜きのようなものです。ですから、自分自身が騙されて、顧客にババをつかませてしまうことだって起き得ます。そのとき、すぐに自分の過ちを認めることができるのが優秀な営業マンであり、それによって、かえって顧客の信頼を得ることができます。ところが、私の場合は、こだわりが強すぎるせいもあって、自分の読みが誤ってしまったということを認めることに時間がかかりすぎました。ですから、現実には、自分の能力や情報力の不足、また性格的な限界のために、顧客に迷惑をかけてしまっているのにもかかわらず、ついつい、「この仕事自体が、いかがわしい仕事である」と判断してしまっている自分の問題に気づかされたのです。

自由な市場経済の中で仕事が成り立っているということは、そこに人々の必要を満たす商品やサービスがあるというしるしです。もちろん、すべての人間は罪人ですから、そこに女性を道具として扱うような性産業や人々を薬物依存症にするような反社会的な仕事への需要もあります。しかし、この社会で公に認められている仕事はすべて、人間としての当然の必要を満たすためのものです。ですから、基本的に、すべての仕事の中に、創造主ご自身からの「召し」を認めることができます。

ドイツ語で職業はベルーフと呼ばれますが、これは宗教改革者マルティン・ルターの造語であると言われます。それまでのカトリック教会の世界では、「召し」ということばは、聖職者や修道士となることに限定して使われていましたが、ルターはすべての職業は神の「召し（ベルーフング）」に基づいてなされるべきものと言いました。パンを作る人は神の召しによってパンを作り、商取引に携わる人は、神の召しによって、その仕事に関わるというのです。

「ベルーフ（職業）」ということばの由来

一九〇四―五年にかけてドイツの社会学者マックス・ウェーバーは『プロテスタンティズムの倫理と資本主義の精神』という論文を発表し、その中で、「世俗の職業生活に対して、このような道徳的価値をあたえることこそ、宗教改革の、とくにルターの業績のうちで、もっとも重要な影響を後世に与えたものの一つであることについては、事実上疑う余地のないことであり、もはや常識といっても良いと思う」と記しています。[8]

ウェーバーは特にその中で、ルターによるベン・シラ11章20、21節の翻訳に注目します。ベン・シラの書は、現在は旧約外典として福音的な教会で読まれることはありませんが、ルターの時代はまだ大切に読まれていました。実際、イエスの時代のパリサイ人は本書の聖典性は認めなかったものの、「ときどき必要に応じて本書をあたかも神感の書であるかのように引用していた。……エッセネ派の人々は常に……本書は神感の書であることを主張してきたようである」[9]とのことです。とにかく本書は旧約外典の中でも一番愛読されてきた書であるとさえ言えましょう。そこでは次のように記されています

「お前の契約のうちに堅くとどまり、これに精進し
自分の仕事をしながら年老いていけ。
罪人の仕事を見て驚き怪しむな。
むしろ、主を信頼して、お前の労働に専念せよ。
貧しい人を、たちどころに金持ちにすることなど
主の目には、いともたやすいことなのだから。
主の祝福こそ、敬虔な人の報いである。
瞬く間に、その成功が花を咲かせる」[10]

ウェーバーは、「お前の労働に専念せよ」という部分の「労働」ということばを、ルターがアルバイト（労働）ではなく、ベルーフ（職業）と訳したことに注目します。「自分の仕事」「罪人の仕事」というときの「仕事」はギリシア語七十人訳ではエルゴンということばが用いられ、「お前の労働」の部分はポノス（労苦）という異なったことばが用いられています。しかし、ルターは両方ともベルーフ（職業）ということばで訳しました[11]。そのルター訳を日本語に直訳すると次のようになります。

「神のことばに留まり、それを実行せよ。
そして自分の職業（ベルーフ）に固執せよ、
不信仰な者が財産を見ていることに惑わされるな。
神に信頼し、自分の職業（ベルーフ）に留まれ。
なぜなら、一人の貧しい者を豊かにすることなど、
神にまったく簡単なことなのだから。
神は敬虔な者の財産を祝福してくださる。
時が来たら、彼は瞬く間に繁栄する」

ルター訳では、自分の職業（召し）に固執し、それにとどまることが何よりも強調されています。それは、ルターがそれぞれの職業の人に、その職業にとどまり、そこで神に仕えることを勧めたことを意味します。それは当時、修道僧として生きるようなことに神の「召し」を限定し、そのような献身を促すこととは正反対の考え方です。しかも、そこにはこの世的な成功の可能性も示唆されています。

ウェーバーはさらに辞典類などを調べた結果、「ルターの聖書翻訳以前にはドイツ語のベルーフ……英語のコーリング……などの語は、いずれの場合も、現在用いられているような世俗的な意味には用いられていない[12]」とも解説しています。どちらにしても、上記のことばは、私たちに与えられた仕事や労働を、積極的に受け止める上で大変励みになると言えましょう。「労働に専念する」ことで「主の祝福」にあずかることができるという見方は、多くの人々を励ましました。

世俗的な仕事に神の召しを見る

パウロはコリント人への手紙第一7章17―24節で次のように記しています（カッコ内は筆者）

「ただ、それぞれ主からいただいた分（課せられたこと）に応じて、また、それぞれ神から召されたときのままの状態で歩むべきです。……召されたとき割礼を受けていたのなら、その跡をなくそうとしてはいけません。また、召されたとき割礼を受けていなかったのなら、割礼を受けてはいけません。……それぞれ自分が召されたときの状態（召し）にとどまっていなさい。あなたが奴隷の状態で召されたのなら、そのことを気にしてはいけません。しかし、もし自由の身になれるなら、その機会を用いたらよいでしょう。主にあって召された奴隷は、主に属する自由人であり、同じように自由人も、召された者はキリストに属する奴隷だからです。あなたがたは、代価を払って買い取られたのです。人間の奴隷になってはいけません。兄弟たち、それぞれ召されたときのままの状態で、神の御前にいなさい」

ここにはなんと、九回にわたって「召し」という語根のことばが用いられていますが、「召される」ということばはドイツ語でみなベルーフェンという動詞で、ルターが職業を「ベルーフ」と訳したときと同じ動詞です。この最初で「主からいただいた分」と訳されたことばは、「主から課せられた」とか「分け与えられた」とも訳されることばで、それが、「主から召されたように」と言い換えられてことばが続いています。昔は、農民に生まれた者は農民になり、パン屋に生まれたらパン屋になり、靴屋に生まれたら靴屋になるというのが当然の世界で、職業選択の自由などはありませんでした。ルターはそのように人間が選ぶことができなかった職業に、神の「召し」という積極的な意味を与えたのです。

後のカルヴァンをはじめ、多くの聖書信仰に立つ人々はシラ書を聖典としては認めません。しかし、世俗的な仕事に「神の召し」を見るという視点は、聖書の読み方を大転換させました。

事実、多くの信仰者は、「主（ヤハウェ）に信頼し、善を行え。地に住み　誠実を養え。主（ヤハウェ）を自らの喜びとせよ。主はあなたの心の願いをかなえてくださる」（詩篇37・3―4）というみことばを、日々の仕事に結び付けて励ましを受けています。また、「堅く立って、動かされることなく、いつも主のわざに励みなさい。あなたがたは、自分たちの労苦が主にあって無駄でないことを知っているのですから」（Iコリント15・58）というみことばを、自分の職業にあてはめて適用するようになりました。とにかくルターから始まった聖書解釈の新たな流れは、それまで金儲けのための世俗的な仕事と見られたことを「神の召し」として考える決定的なスピリチュアリティーを生み出したのです。

ルターの少し後に広まった再洗礼派のメノナイト・ブラザレンなどは、兵役につくことを断固として拒否したにもかかわらず、一八七〇年にフランスを破った軍事大国のプロシア（北ドイツ）においてさえ、その兵役拒否が例外的に認められていました。それは彼らを「産業発展のためには欠くことのできぬ担当者」と認められていたからとのことです。[13]
一方、もともとフランス人であった宗教改革者ジャン・カルヴァンはジュネーブから多くの伝道者をフランスに派遣し、その影響下でユグノーと呼ばれる「改革派教会」の群れが生まれます。それは一時、フランスの人口の一割にまで達しますが、一六八五年にルイ十四世は徹底的な弾圧政策に転じます。そして、多くのユグノーが英国やオランダに移住します。彼らの多くは商業や金融業に従事していましたが、彼らはその後のオランダの商業の発展、英国の産業革命に寄与したと言われる一方、それが後のフランスの経済発展が遅れた最大の原因であると多くの歴史教科書が認めています。

私自身が感じた「召し（ベルーフング）」

私はドイツの大学での二年間の社費留学を終えた後、フランクフルト支店で勤務し、日曜日はドイツの自由福音教会（集会）に集うようになります。ドイツの一般的な教会は、すべての住民をキリスト者とみなすという国教会制度の中にありますが、その教会はその制度的なルター派教会から離れて、個々人が聖霊によって新生し、自由な信仰で教会を形成するという集いで、米国や日本の基準ではごく普通の福音的な教会でした。私はマルティン・ルターを心から尊敬しながらも、その制度的なルター派教会を離れました。そこではメッセージが理解できませんでしたが、自由福音教会では聖書がそのまま説き明かされていたので、ドイツ語でも心に響いてきたからです。それが現在、私が日本で仕えている福音自由教会に理念的にはつながっていきます。そこで日本人の音楽大学留学生、また受洗予定の方に出会い、ドイツ語の礼拝に集った後に、月に二度程度、日本語で聖書を学ぶ交わりを始めました。その当家での家庭集会に、徐々に他の日本人クリスチャンが集うようになりました。それぞれが午前中にドイツ語の教会や英語の教会に集い、午後に日本語で聖書をともに学び、互いのために祈り合うという集会が軌道に乗るようになります。

それが現在のフランクフルト日本語福音キリスト教会の出発点になったことは本当に感謝なことですが、それが今のような形になったことに関しては、まったく正直に、私や家内が貢献できたことは何もありません。身勝手に聞こえるかもしれませんが、個人的な見方からすれば、「あれは神が私を伝道者に導くために備えてくださった交わりである」としか思えません。あのときの集会があまりにも楽しかったので、「伝道者になることへの恐れを感じずに済んだ……」とも言えます。事実、私たち夫妻よりも信仰歴の長いご家族が何家族も集ってくださっていたので、私たちはその交わりから推薦されて神学校に入るようになりました。この集会の後のことを任せられる人々がいて、応援までしていただけたことは、神のあわれみ以外の何物でもありません。

当時のことに戻りますが、私自身は家庭集会を始めながら、ルターのベルーフの原点に立ち返って、神が自分に召しておられる働きが何なのかを考え直すようになります。先に述べたようにルターの場合のベルーフは、選択の余地のない仕事の中に神からの「召し」を発見するということでしたが、当時の私はそのような原点など知りもしませんでした。ただ私の場合は、日々シナリオが変わる金融市場の変化に性格的に馴染めないところがあり、三千年前から変わることのない聖書を学び、それを説き明かすことに魅力を感じるようになっていました。

そのような中で、イエスが「だれでもわたしに従って来たければ、自分を捨て、自分の十字架を負って、わたしに従って来なさい」（マルコ８・34）と語られたみことばが自分を伝道者へと召しているように感じられました。それで支店長に退職の決意を伝えたところ、社費留学の際にその後五年間は会社にとどまるという約束があったはずだと言われました。それでその後、三年は勤務を続けるということになりました。

退職決意後に見えた、今ここにある召し

退職を決意しながら勤務し続けるのは、「モチベーションがわかない、つらいこと」と自分でも危惧していました。しかし、すでに退職の決意を明確にした者にとって、怖いものはありません。「首にしたかったら、どうぞご自由に……」という気持ちになれると、堂々と、「こん

な風に仕事がしたい」と言えるようになりました。海外勤務では日本からの来客の接待に気を遣う部分がありますが、それも同僚に迷惑のかからない程度に収めさせていただくことができました。

また上司に積極的に自分の意見を言えるようになりました。それを通して、「キリストに仕える者は、いつでもどこでも、自分の真の雇用者はイエス・キリストご自身である」という気持ちで、上司や会社の評価などを気にせずに、自由に大胆に自分の思っていることを主張しながら、仕事をすることができるべきなのだと示されました。

仕事の内容も大切ですが、労働時間に関しても、残業や休日出勤を拒否する自由が保障されるべきということを明確に主張できました。もちろん、仕事の内容や同僚とのチームワークがありますから、柔軟な対応をしてはきました。ただ、このときほど、仕事をしながらの自由を味わったことはありません。ふと、「このような気持ちで、会社勤務を続けてもよいのではないか……」という思いもめぐりましたが、もともと、このような気持ちになれたのは、伝道者になるという決心に導かれたおかげであるということも分かっていましたので、退職の決意が変わることはありませんでした。それと同時に、ルターがいう職業における「召し」の本来の趣旨は、自分に課せられた仕事を神の召しとして、誠実に行うことの勧めであると改めて理解できました。その意味で、私は退職を決意して初めて、証券業に対する神の召しを意識できるようになったとも言えます。

現職を重んじることから見える天職

このような体験から、仕事に生きがいを感じられない人に、それぞれの仕事を神からの召しと受け止めることができるように寄り添い助けるということが自分の使命の一つであるということが示されてきました。日本の教会では、信仰に熱心な人に向かって、伝道者になるという〝直接献身〟を勧める傾向がありますが、それよりも大切なのは、今与えられている仕事への献身を勧めることではないでしょうか。

キリスト者学生会（ＫＧＫ）の理事を長く務めておられた唄野《ばいの》隆《たかし》氏（大阪府立大学経済学部名誉教授）は神の導きと確信できる天職を求めて悩む卒業生に、「これこそ主が私を召してくださった仕事だと受け止められるようになる」ための方法として、「逆説的に聞こえるかもしれませんが、今の仕事を主が与えてくださった仕事だと信じてそれに励むことです。他に目を向け、今与えられている仕事を軽んじる姿勢は天職に至る道ではありません」と、内村鑑三氏の「天職」からのことばをもとに、分かりやすく解説しておられます。[14]

私自身もドイツで仕事をしながら家庭集会を開いていたとき、そこに集っていた方から間接的に唄野氏のお話を聞き、自分の仕事に価値を見出すことができるようになりました。つまり、

「天職」を求めての「転職」も、今現在の仕事に対する主からの召しを確信することから生まれるのです。その意味で、安易な転職はかえって神からの「召し」を見出すことの妨げになるという面があります。ただし、それはもちろん、転職や伝道者への献身を否定するものではありません。私自身にしても神からの召しを求めて、証券会社の仕事を辞めようと考え出したのがきっかけで、このことが分かったからです。ただ、その過程で示された恵みを分かち合う必要も覚えさせられています。

イエスのくびきを負う

イエスは私たち一人ひとりを、「すべて疲れた人、重荷を負っている人はわたしのもとに来なさい。わたしがあなたがたを休ませてあげます」（マタイ11・28）と招いてくださいました。それは「すべて、くたびれた人、重荷を負わされてしまっている人」、つまり、自分の弱さを痛感している人に対しての招きです。しかも、イエスは、「わたしがあなたがたを休ませてあげます」と断言されました。これは、私たちが思い描く「休み」ではなく、イエスご自身が与えてくださる「休み」です。

ただし、その方法は、奇想天外にも、「あなたがたもわたしのくびきを負って、わたしから学びなさい」というものでした。「くびき」とは、牛などが農耕具を引っ張ることができるように首に固定する「くぼみのついた頑丈な横木」です。イエスはなんと、すでに「くびきを負わせられ、くたびれている人」に、さらに、「わたしのくびきを負いなさい」と命じられたというのです。

それを聞いて多くの人は「自分の生活だけで大変なのに、その上、教会まで行く余裕はありません……」と言うかもしれません。しかしこれは、追加の責任を負うというより、毎日の生活のリズムを「わたしから学びなさい」というイエスの招きです。ですから、「くびきを負う」とは、自分で自分を変えるのではなく、イエスに生き方を変えていただけるように「首を差し出す」という意味です。

その理由をイエスは、「わたしは心が柔和でへりくだっているから……」（同11・29）と言われました。これは力に対して力で対抗したり、誤ったプライドに振り回されない生き方、しなやかな「強制されることのない恵みのリズム」による生き方です（ピーターソン訳参照[15]）。

そして、そのように生きるとき、「たましいに安らぎを得ます」と、主は断言されました。この「安らぎ」とは、先の「休み」と同じことばです。つまり、イエスのくびきを負うことで「休める」と断言されているのです。昔から多くの哲学者や宗教家が、「幸福のパラドックス」ということを語ってきました。それは、「幸福になりたい」という人間の欲望には限りがないので、それに駆りたてられている人は、絶えず、「何か足りない」「どこか満たされない」という欠乏感を抱き、永遠の不満の状態になるということです。現状を改善したいと願っているようでありながら、実際は、心の底にある願望に縛られ不安に駆り立てられているのです。そんなとき人は、自分の期待どおりにならないことを怒り、互いに傷つけ合い、ますます不満な状態へと落ちて行きます。

イエスは、そのように自分の欲望の奴隷になっている人に、自分の願いではなく、イエスが願われる生き方をするようにと、招いてくださいました。つまり、私たちはイエスが生きられたように生きることで初めて、イエスが味わっておられたような平安（シャローム）を体験できるのです。

イエスのくびきを負うということは、「私はイエス様への責任を果たすために働く」と思うことです。私たちは、この世界で様々な課題や責任を負わされ、「その期待にこたえなければ……」と必死になり疲れますが、それを主ご自身からの課題として受け止めなおすのです。

私は、就職して間もなく、「僕は何で株屋なんかになったのだろう……」と嘆いていました。しかし、約十年間の証券会社での仕事を通して分かったことは、「イエスは株式相場にも関心を持っておられる」という真理でした。それを証しするために私は牧師に召されたのかとさえ思います。イエスの多くの働きは、神殿ではなく、当時の商業、軍事、歓楽の中心地で行われました。今も、同じように、市場経済に不可欠な株式市場の傍らに立ち、その様々な矛盾に振り回され労苦している人とともにイエスはいてくださいます。この世の経済活動には、きれいごとで通らないことがありますが、イエスはそのただ中に住むために人となられたのです。主は、あなたの日常生活に関心を持っておられます。あなたは、誰に喜んでもらいたいと願っているのでしょうか。

第4章　苦難の中に神がともにおられることの幸い

札幌支店時代の苦痛に満ちた仕事を振り返ると、そこにも明確な神の導きがあったことを感謝せざるを得ません。私が信仰告白に導かれたのは米国での交換留学時代でした。キャンパス・クルセードという伝道熱心な団体の宣教師から信仰の導きを受けました。その際、何よりも、自分の個人的な課題を祈ることと、日曜日の礼拝に休まずに出席することの大切さを教わりました。

日本に帰国した後、敬虔な生き方を指導してくれる福音的な教会になじむことができずに、自分でルター派の教会を探しました。歴史でマルティン・ルターのことは学んでいましたので、その流れの教会であれば、ひたすら神の赦しばかりを語ってくれるはずだと思ったからです。

そして、入社前一か月を切っていた日に、洗礼の恵みにあずかりました。神のあわれみで、最初の任地は札幌支店であったため、その教会に集い続けることができました。そして翌年には、その教会の礼拝に最初に出席した際にたまたま隣に座っていた女性と結婚に導かれました。そこにも神の明確な守りの手が見られます。

支店で最初に課せられた任務は、償還期限十年の国債を販売することでした。それは当時年率八％もの利子がついていました。ただ、潜在顧客のリストがあるわけでもなく、ひたすら中小企業のオーナーや開業医などの家を飛び込み訪問するしかありませんでした。そしてほとんどの人々から、仕事を妨害する者として迷惑がられました。

また、支店の中にいる場合は、遠隔地の資産家リストを手に入れて、ひたすら電話をかけ続けました。店内にいながら受話器を持っていないと、上司から叱られますが、そのようなリストなどすぐにかけ終えてしまい、電話をかける先もなくなってしまいます。そんなときは頻繁にトイレに逃げ込んで、そこで、「神様助けてください！」とお祈りするしかありませんでした。また、外回りをしているときも、九九％の人から迷惑がられながら、喫茶店に入っては、必死に神の助けを求めてお祈りしていました。そのときの祈りは本当に切実でした。

ただ、神様はそんな身勝手な祈りを、時に応じて聞き届けてくださり、先方のほうから私の残した名刺をもって来店し、多額の国債を購入してくれるというようなことがありました。九九％の人の見向きもされなくても、一％の人の数は、訪問数、電話数に比例するように増えてくるという現実もあるからですが、神様は気持ちが萎えそうなときにそのような恵みを与えてくださいました。

ノルマを達成させてくださる神の恵み

国債を買ってもらうことができても、それは顧客との関係を築く入り口に過ぎません。国債の販売手数料はあまりにも低いためです。当時の営業で最も力が入れられたのは、投資信託を販売することでした。元本保証もなく利回りも株式相場に左右されます。ただ、インフレ対策としては魅力的な投資対象でした。一九七〇年代は原油価格の急騰に翻弄され、消費者物価上昇率が年率一〇％を超えることすらあったからです。そのようなときには資産を土地か株式で所有していなければ、資産の目減りは避けられません。株式投資の経験のない方にとっては、その運用を専門家に任せる投資信託の購入が一番であるという見方もできました。しかも当時は投資信託の商品数も少なく、販売競争も今のように厳しくはなかったので、額面の五％もの販売手数料が入りました。

しかし、元本保証もなく高額な手数料を納得していただくことは簡単ではありません。そこでは営業マンの信用力が問われました。ですから、意外なことに、営業が上手に見える人よりも、不器用そうで真面目に見える人のほうが、営業成績が上がっていた面がありました。私自身もその商品価値を自己洗脳するように頭に叩き込みながら、誠実に、しかも積極的に新規の顧客獲得のために励みました。ただ、九九％の人から相手にされずに迷惑がられるという基本は変わりません。これもひたすら神様に助けを求めるしかありませんでした。

ところが、そのような中にも、不思議な体験が何度もありました。例によって、喫茶店に入ってお祈りして、次に飛び込み営業をかけた開業医から、すぐに五百万円の投資信託の購入の約束を得ることができました。あとでその医者は、以前から少額の国債を当社から買っていただいていた方で、ちょうど、そのようなインフレ対策の投資を考える必要を感じておられたところでした。

また当時、結婚前の妻が栄養士として務めていたキリスト教系の医療法人を新規の顧客にすることができました。事前に調査のために、まだ正式な交際も始めていなかった彼女を昼食に呼び出して、経理担当者の情報などを受け、ともにお祈りしてもらい、その後突然訪問しました。もちろん、彼女のことなどは話題にしませんでしたが、そこでも即座に二千万円の資金を出していただくことに成功しました。これも神様のあわれみ以外の何ものでもありません。後にその財務責任者の方に、結婚式の際にスピーチをお願いすると、その際のことを話題にしていただけました。彼は、まさか結婚に進む関係があるとはまったく思いもしなかったけれども、営業マンとしての私の情熱と真面目さに一目ぼれをしてくださったというようなことをお話しくださいました。

自分らしさを生かす営業の仕方

ただし、投資信託の販売のプレッシャーは凄まじいもので、目標が達成できない人は、夜の営業会議でまさに血祭りにあげられました。そこでは、ありとあらゆる攻撃にさらされます。昔はパワハラなどということばもなく、ことばにするのも恥ずかしい激しい罵倒にさらされます。同じ課の先輩は、それに対する様々な知恵を与えてくれました。彼は、「上司は何よりも不安だから部下にプレッシャーをかけるんだ。……その気持ちを理解して、安心させてやることが大切なのだ。たとい、できる自信がなくても、上司の不安を鎮めるために『大丈夫です！』と言い切ってしまえ……」などという知恵を与えてくれました。先輩は、明るい顔で、「この会社では、『ノルマを果たせない……』ということは、最初からあり得ないのだから、叱られながらノルマを達成するのか、カラ元気でノルマを達成するかのどちらかしかない……」というようなことを切々と教えてくれました。

しかも、営業成績が上がっていない人ほど、手取り足取りの指導を受け、その人本来の個性が生かされていないということも見えてきました。成績を上げられる営業マンに共通していることは、その人の個性が生かされる営業をしているということでした。これはまさに私たちの信仰生活にも当てはまることと言えましょう。霊的形成（スピリチュアル・フォーメイション）の分野で有名な米国の牧師ジョン・オートバーグは『神が造られた「最高の私」になる』という本を記しました。かれはそこで「仕事にも御霊の流れ（フロー）を」と、「自分の外にある何かの流れに乗っているかのよう」な、自分らしい仕事の仕方を発見するようにと勧めています。[15] 不思議にも未信者の先輩はその理想を指し示すようなことを教えてくれたのです。

一見、ひ弱で優しいタイプの人が営業成績を上げることができていたりしますが、どの人にも共通するのは、「叱られ上手」という面かと思われます。反対に、上司から叱られ、手取り足取りの指導を受けている人は、皮肉にも、どんどん仕事ができなくなっていきます。考えてみたら、顧客はいのちの次に大切なお金の運用を任せるのですから、人格的な魅力の感じられない人に信頼することはあり得ません。上司を不安にさせるような人は、顧客にも信頼されないことは明らかです。

札幌支店でもドイツでも、「このような方法で新規顧客を開拓しよう」「これは顧客に喜ばれるに違いない」などと、自分で考え、自分で納得した方法で仕事を進めたとき、不思議なほどに良い成果を出すことができました。そして、自分らしく仕事をしているとき、本来、嫌でたまらなかったはずの営業の仕事にも、不思議なほどに前向きに向かうことができました。私たちは確かに、仕事の上で、様々なアドバイスを謙虚に聞く必要はありますが、「他の人には簡単にできても、自分にはできない」ということがあります。それぞれの個性があるのですから、

「言われたとおりできたら、世話がない」という面があります。様々な教えを受けながらも、そこから自分にあった仕事の仕方を探し出すということは、すべてに適用できる原則ではないでしょうか。

ノルマを果たすための恥ずべき働き方

ただし、上司に向かって、「大丈夫です！」と言い放ってはいても、内心は不安でたまりません。同じ課の先輩はノルマを達成する共同責任を担っている面もありますから、親身に潜在顧客を発見する方法も伝授してくださいます。当時は別の営業課、特に電話だけで営業する女性の営業課やご婦人の訪問で小口のお金を集金する證券貯蓄口座には多くの休眠口座があり、それらの課の女性の離職率の高さも相まって顧客をフォローしきれていない面がありました。

それで、それらの過去の注文伝票を店内で捜し出し、手書きで名簿を写し、顧客に電話をするという方法を教えてもらいました。当時の時代背景として、顧客は本社勤務の正社員による推奨をより信用しますから、比較的に楽に注文を取ることができます。その代わり、名簿を管理している女性事務員との良好な関係を築くことが何よりも大切になります。このようなことは、一九七〇年代のアナログ時代だからこそ可能だったことですが、意外に、外の顧客との関係を築く前に、様々な情報収集のために社内での営業力が問われるというのは、今も昔も変わらない現実があるようにも思いはします。

とにかく社内的には、無差別に電話をした結果、たまたま他の営業課が管理している顧客に出会い、そこから新規の資金を引き出したという形で見ていただくことができます。これが多額の資金であった場合には、顧客の担当替えをしてもらうことさえできます。しかし、意図的に他の課で眠っていそうな顧客リストを手に入れようとすることは社内ルール違反です。しかし、営業ノルマを果たせないということは、あり得ませんから、支店のスリープ顧客リストを勝手に捜すということは、どの営業マンもしてしまいます。ただそれが他の営業課の責任者にとっては許せないルール違反と見なされます。そして、私もそのようなことに手を染め、その現場を他の営業課の課長によって発見されたことがありました。そのとき彼は私を、「エセ・クリスチャン、偽善者め！」などと散々罵ってきました。私には弁明の余地はありませんでした。そればかりか、そのように他の営業課との顧客の取り合いになるたびに、私は「エセ（偽）クリスチャン」と非難されました。主の御名を汚してしまう申し訳のなさと相まって、そのたびに絶望的な気持ちになりました。

また株式投資の推奨でも辛い体験があります。新規の顧客と出会って、多額の株式投資を勧めたところ「火災保険として手にしたお金がある」と言われました。私は一瞬「そんな大切なお金を」と躊躇しましたが、相手がしっかりした判断能力を持っておられる方と見受けられたので、そのまま大胆な投資を勧めてしまいました。そして、その株が大きく値下がりしてしまいました。あくまでも投資者の自己判断であるにしても、今も、後味の悪い気持ちを味わい続けています。

それぱかりか、支店全体で特定銘柄を推奨するということも頻繁にありましたが、自分の気持ちがついていかなくてもそれに従わざるを得ませんでした。残念ながら、株価の変動が激しい時期は多くの場合、株価が天井に近い水準にあります。しかし、株で大儲けしようと期待するなら、「この会社の将来性に懸けてみたい」と思える会社の株式を目先の値動きにかかわらず持ち続けることが大切で、短期売買はお勧めできません。

たとえば戦後間もない時期から松下電器（パナソニック）、ソニー、本田などの株式をずっと保有し続けた人は、大きな資産を築き上げることができたことでしょう。ただ、当時の証券会社の営業マンには投資顧問料の規定などはなく、株式売買手数料を稼ぐ必要がありますから、そのような投資を勧めることは困難です。自分の営業成績を上げるためには、良心に反してでも短期売買を勧めざるを得ません。しかしながら、自分が納得できる株式をお薦めしたからといって、その株価が期待どおりに上がることもまれです。私も自分が心から納得した株を勧めながら、それが下がってお客さんに大きな迷惑をかけたことがあります。

神を礼拝しつつ、赦しを乞う

それにしても、「こんな仕事をしていて良いのか……」と葛藤を味わいながらも、日曜日の礼拝にはほぼ欠かさずに出席していました。しかも当時は、まだ週休二日は定着していませんでした。ルター派の教会の礼拝では定型化した式文が用いられ、その最初では、「主よ、あわれんでください」と罪の赦しを願う祈りが歌われ、その後で毎回、神のことばによる罪の赦しが宣言されていました。私は当時、毎週、自分の仕事の仕方を悲しみつつ、それでもノルマを果たせないと生きていくことができないと思えましたので、ひたすら、神のあわれみにすがっていました。そのような礼拝なしには、正気を保つことができないと思うほど、追い詰められていました。

ただし、定型化した礼拝式文で神の赦しの宣言を受けた後は、ただひたすら眠ることしかできませんでした。当時の牧師のメッセージを、目を開けたまま聞くことができたのはほんのわずかしかなかったように思います。それでも牧師は個人的に注意するようなことは一度もありませんでした。ただ礼拝に来ていること自体を喜んでくださいました。

そして、私自身も、ひたすら眠るために礼拝に来ているように思える中でも、礼拝を休むということはありませんでした。たとえば、本社の人事部の採用担当者が、学生の採用のために日曜出勤を依頼してこられた時も、「私は日曜日の午前中は礼拝に通うことにしています」と言ってお断りしたことがあるほどです。

私にとっては、たとえ居眠りをしていようとも、神にすがるために礼拝の場に身を置かざるを得ないという思いがあったように思えます。たとい、社内の人から「エセ・クリスチャン」などと罵倒されることがあっても、礼拝に来ること自体が偽善者としての行為であるなどと思ったことはありません。何しろ、私が通っていた教会は、ひたすら神の赦しばかりを強調しており、神にすがるために礼拝に来るということ自体を、神に最も喜ばれることとして教えていたからです。

とにかく、今も私は過去の仕事の仕方を正当化して誇ることなどはできません。しかし、神が、そのように弱い自分とともに歩み、私の仕事を守り続けてくださったことだけは確かです。それはまさにパウロが、「キリストを否むなら、キリストもまた、私たちを否まれる。私たちが真実でなくても、キリストは常に真実である。ご自分を否むことができないからである」（Ⅱテモテ２・12、13）と記されているとおりです。

私は確かに世の人々に良い証をすることはできませんでした。しかし、幸いにも、自分の身を守るためにキリストを否むことはせずに済みました。そして、礼拝を守ることの大切さだけはアピールすることができました。世の基準からすれば説教の時間になると居眠りをすること自体が信じ難いことかもしれませんが……。ただそれにしても神は、たとい身勝手な祈りであっても、キリストにすがる私を決して見捨てることなく、その仕事を守り通してくださいました。神は、苦難の中でうめく私とともに歩んでいてくださったのです。

第5章　パリサイ人と取税人、「総合商社」

当時の私の生活は、日本社会で評価されてきた「敬虔なクリスチャン」の枠から完全に外れていました。仕事自体が世の人々から、「なんだ、株屋か」と馬鹿にされ、自分たちも「資本主義のごみ溜め」と卑屈に思うような面がありました。それはイエスの時代の取税人の仕事に似ていたのかもしれません。それに比べて、当時のパリサイ人の姿を、当時のユダヤ人の歴史家ヨセフスは次のように描いています。「パリサイ人は簡素な生活をいとなみ、かりそめにも贅沢（な生活）に惑溺するようなことはしない。……パリサイ人は一般大衆に大きく訴えるものを持っており、その影響力は甚大で、その結果、神にささげる祈りや、もろもろの聖なる勤めは、すべてパリサイ人の指示にしたがってなされたが、それは、自分自身の生活態度においても、また人々の対する講話においても、最高の理想を実践するパリサイ人にたいする、市井の人びとが示す大きな敬意のしるしであると考えられた」と記しています。[17]

またヨセフスは、「パリサイ人は、律法諸規定のもっとも厳密な解釈者と見なされ、首位を占める学派であったが、彼らはいっさいを運命と神に帰した。彼らは、義を実践するか否かはかなりの程度人間に依存するが、あらゆる行為に運命が関与すると考えていた。霊魂はすべて不滅であるが、他のからだに移ることのできるものは善人のたましいにかぎられており（これはパウロが言う「血肉のからだ」に対比される「御霊のからだ」「朽ちないものを着る」という望みだと思われる〔Ｉコリント15・44、53〕）、悪人のたましいは永遠の刑罰を受ける、と彼らは主張した。……パリサイの人々は互いに愛し合い、共同生活における調和を図った」と記録しています[18]（カッコ内筆者）。それこそ、日本人が抱く「敬虔なクリスチャン」のイメージと言えましょう。

なお、主イエスはパリサイ人にはきわめて批判的でしたが、「律法学者たちやパリサイ人たちはモーセの座に着いています。ですから、彼らがあなたがたに言うことはすべて実行し、守りなさい」とまで言っておられます（マタイ23・2、3）。つまり、パリサイ人は聖書を正しく説き明かしている面があるということをイエスご自身も認めておられたのです。しかし、イエスは同時に、「しかし、彼らの行いをまねてはいけません。彼らは言うだけで実行しないからです。また彼らは、重くて負い切れない荷を束ねて人々の肩に載せるが、それを動かすのに自分は指一本貸そうともしません。彼らがしている行いはすべて人に見せるためです。彼らは……

宴会では上座を、会堂では上席を好み、広場であいさつされること、人々から先生と呼ばれることが好きです」と批判しています（マタイ23・3―7）。

パリサイ人の特権意識と矛盾の中に生きる取税人

当時のパリサイ人は、世俗的な汚れから一線を画して生きて、この世の様々な問題に的確な意見を述べることができました。また現代の尊敬される信仰者も、しばしば現代社会の矛盾を指摘し、神が喜ばれる聖い生き方を説くことができます。しかし、彼らは日々の商売の駆け引きから距離を置いているだけとも言えます。

そして、パリサイ人が誰よりも軽蔑していたのが、ローマ帝国のお先棒を担ぎながら、自分の生活を成り立たせている取税人でした。彼らはローマ帝国の秩序を成り立たせるために、ユダヤ人から厳しく税金を取り立てていました。それは現代の税務署の職員とは全く異なります。彼らはローマ帝国から決まった給与を受けてはいませんでした。彼らの収入は、人々から徴収した税金と、ローマ帝国に支払う税金の差額でした。かなり図々しい人間でなければできない仕事です。しかもそれはユダヤ人にとってはローマ帝国の支配を正当化し、その野蛮な搾取者に味方しているだけの働きとしか見えませんでした。しかし、一方でローマ帝国が実現した平和で、当時の世界は安定し、商業も発展していました。世界の人々はそのような政治の安定の恩恵を受けており、そのために取税人は大切な役割を果たしていたとも言えましょう。

イエスはあるときパリサイ人と取税人の祈りの姿勢を次のように比較します（ルカ18・10―14）。

「二人の人が祈るために宮に上って行った。一人はパリサイ人で、もう一人は取税人であった。パリサイ人は立って、心の中でこんな祈りをした。『神よ。私がほかの人たちのように、奪い取る者、不正な者、姦淫する者でないこと、あるいは、この取税人のようでないことを感謝します。私は週に二度断食し、自分が得ているすべてのものから、十分の一を献げております。』一方、取税人は遠く離れて立ち、目を天に向けようともせず、自分の胸をたたいて言った。『神様、罪人の私をあわれんでください。』あなたがたに言いますが、義と認められて家に帰ったのは、あのパリサイ人ではなく、この人です。だれでも自分を高くする者は低くされ、自分を低くする者は高くされるのです」

イエスが取税人の祈りを評価されたということ自体が、当時としては奇想天外なことです。私たちはこの意味を繰り返し味わう必要がありましょう。改めて読み返していただければ幸いです。

当時のパリサイ人たちは比較的恵まれた環境で育った人々がほとんどだったと思われます。

なにしろ、一般庶民は高価な聖書の巻物を自由に開いて読むなどということはできなかった時代です。少し前の日本でいえば、地主以上の階級か裕福な商人の家に育ったような人々だったことでしょう。もちろん後の使徒パウロが天幕作りで自分の生活の必要を満たしていたのと同じように、自分の労働で得た収入で生きていた人々は多かったかもしれません。ただ彼らは、明日の食べ物を得られるかという不安に駆り立てられて汗水を流して働く労働者階級とは根本的に異なった階級に属していたことと思われます。

しかし、本来、レビ記25章の規定によれば、先祖伝来の土地を相続する地主階級も、五十年に一度は、親の世代が獲得した土地を、貧しい同胞に無償で戻す必要があったはずです。なぜなら、ヨベルの年には、はるか昔のヨシュアの時代以来の平等な土地配分の状態に戻る必要があり、自分が耕作しない先祖伝来の土地を所有し続けるということはあり得ないはずだったからです。ただし、このヨベルの年の規定は、イスラエルの歴史の中で一度も実行されたことはありませんでした。なぜなら、王制の下では、国王が臣下に土地を配分する権限を持つということを通して、王のもとに国のまとまりが保たれるという形になっていたからです。パリサイ人は当然ながら、ヨベルの年の意味をよく理解していたことでしょうが、自分の既得権益に反する主張は決してしなかったはずです。

パリサイ人たちは、自分たちの立場を、当然の特権のように思っていました。彼らは善意に満ちて、「私は生まれる前から神に愛されてきた。それで、神は私をそのような環境に生まれるように定めてくださった。だから、自分はイスラエルを神に喜ばれる民へと成長させる責任がある」と自分たちの使命を意識していたことでしょう。その使命感自体は正しいことですが、現代風に言えば、「上から目線……」であったことが何よりの問題でした。

現代の信仰者も時に、何か人の生き難さを聞くとき、すぐに「それは、こうしたらよいのでは……」とすぐに答えを言う人がいます。しかし、多くの場合、「そのようなアドバイスは何度も聞いてきたのです。そうできれば世話がないのですが……」と言いたくなるような現実があるのではないでしょうか。

自分の意に反する仕事をせざるを得ない人々

それに対し、取税人は多くの場合、「俺は生きていくために、こうするしかなかった。……何も好きで、こんな仕事をやっているわけではない」という人がほとんどであったことでしょう。そして、世の中には、そのように、「できれば、こんな仕事はしたくない……」と思いながら、生活のためにそのように生きている人が非常に多くいることでしょう。

たとえば、私たちが牛肉のステーキを喜んで食べるとき、ふと、「食肉処理場に引いて行かれる牛」の姿、また大昔の食肉解体に携わっていた人々の姿を思い浮かべてみてはいかがでしょう。牛は殺されることを喜んではいないはずですし、昔は、そのような働きに携わる人々は軽蔑されてきました。しかし、そのような犠牲なしに、おいしいステーキを食べることはできません。それなのに、昔から、「生まれが違う……」などと平気で人を差別するようなことを、多くの信仰者ですらしてきました。

パリサイ人と取税人の対比は、現代社会の中にも見られるものです。それは、取税人のような仕事の仕方を正当化するということ以前に、そのように生きざるを得ない人を優しく見る必要があるという意味です。しかも、当時のパリサイ人にとって「取税人の悔い改め」とは、その仕事から足を洗うことにほかならなかったことでしょうが、ルカの福音書19章に描かれた取税人ザアカイの悔い改めとは、財産の半分を貧しい人に施すことと、騙し取ったものがあれば四倍にして返すということでした。その後の文脈からしても、ザアカイが取税人の仕事をやめたとは思えません。取税人は当時の社会を成り立たせるためには、欠かせない大切な仕事でした。ザアカイの悔い改めは、何よりも、不正な取り立てをやめるという仕事の仕方を変えることであったはずです。

私が「野村證券を辞めて、牧師になった」ことを聞いて、先輩の牧師が「あんなアコギな仕事から足を洗って、大切な働きにつけてよかったね……」と善意で言ってくれました。その牧師は大手証券会社の営業の実情をよく知っている方でしたので、そのように言われる気持ちもよく分かります。しかし、私は昔の仲間のことを思い、とっても悲しい気持ちになりました。その後、私は彼に何度もその気持ちを伝え、互いに理解し合えるようになっています。幸い今はともに、「置かれた職場で、仕事を神の使命として生きる」ことを大切にするという視点で一致できています。

大手商社に勤務した人の葛藤

現代では、総合商社で働くことができる人は、エリート階級と見られるかもしれませんが、彼らも時に昔の取税人のように、弱い立場の人々を犠牲にしてでも、収益を上げざるを得ないことがあります。友人が以下のような仕事をしてしまったことを反省しつつ、語ってくれました。

「私が勤めていた会社は、羊毛の取引量では世界一の実績を誇っていました。羊毛は『羊毛部』の扱いでしたが、一方で日本製ナイロンタイヤコードの輸出も商社では断トツで、こちらは『繊維資材部』の扱いでした。タイヤコードとは自動車のタイヤの中に入れる繊維ですが、自動車の高速化が進み、ナイロンタイヤコードが、世界的に急速にポリエステルとスチールに代わりつつありました。それは今からちょうど二十年前のことです。

当時、まだ莫大な生産量を持つ日本の合繊メーカーは、日本国内で売れなくなったナイロンを、海外に輸出してほしいと私の会社に頼んできました。そこで余った工業用ナイロン繊維で、羊が着るチョッキ（rag）を生産し、それをオーストラリアに輸出するということを、私がいた繊維資材部が考えました。それは世界最高級の羊毛を作る「sheep rag project」と呼ばれました。チョッキを羊に着せることで、羊毛が傷むのを防ぐことができました。これは、発想がユニークで、話題性もあり、大量の余ったナイロン繊維があっという間にはけていきました。コストの安いスリランカで、織布と縫製を行い、オーストラリアでは、当社の羊毛部が関係している牧場に売りました。

当社の羊毛部は羊毛を市場価格でしか買いませんが、スリランカの業者は「高値買い」を期待し、ナイロンタイヤコードを大量買いし、rag を大量生産してきました。ところが約一年後に、羊毛相場が急落します。高級ウールといえども、値段が通らず、相場に詳しい人たちは、今後も相場回復の可能性が低いと判断し、すぐにこのプロジェクトから撤退しました。しかし、スリランカの業者は、もともと羊毛とは縁のない業種で、相場感が薄く、原料買いを続けてきました。

そのとき私のいた繊維資材部は、予算達成のために、言われるままにナイロンタイヤコードを出荷し続けました。結局その後も相場は戻らず、スリランカの業者は倒産の憂き目にあってしまいます。羊毛部経由でしっかり情報を取っていれば、相場が今後も低迷する見通しを伝えることができたはずです。しかし、繊維資材部は羊毛相場には疎く、それができませんでした。当時の「言い訳」としてはそれで通りましたし、それ以上責められることはありませんでしたが、予算達成のために売り続けたことは、担当である自分が一番よく知っています。もしスリランカの業者が当社の関連会社であったなら、いや自分の会社であったなら、別の行動を取ったと思います。

しかし予算の未達はサラリーマンとして最大の悲劇であり、これを受け入れる勇気が私にはありませんでした。それで私は、あえて楽観的解釈を採用したのだと思います。このときほど、これ以上この会社にいるべきでないと思ったことはありませんでした。

しかし、同時に、私は商社という仕事に誇りを抱いていました。商社は、口銭三％（これほどの低額という意味でのたとえ）で、膨大な情報を持つ組織を仲間にすることができる、日本独特のすばらしいシステムです。とくに総合商社は世界中のすべての業界に網を張っています。また海外では、大使館、領事館のない、地の果てのような場所で、商社の事務所だけは存在するというケースもあります。しかも、その情報は経済に根差していますから、常に生きた最新のもので、その価値は絶大です。この情報を、口銭契約を結ぶだけで自分のものにできるということは、日本企業にとっては最大の武器であり、使わない手はありません」

彼は「予算の未達はサラリーマンとして最大の悲劇であり、これを受け入れる勇気が私にはありませんでした」と告白しています。そのために、取引した会社が倒産するかもしれないのに、その危険に真剣に向き合うことができませんでした。そのような反省は、他の多くの商社マンにも起こり得ることだと思います。それは、当面の売り上げ目標を達成することに夢中になるあまり、世界中の情報を自分の利益のためには用いてはいても、取引業者を生かすための貴重な情報には向き合おうとしなかったという悲劇です。

この葛藤は、ローマ帝国の取税人にも起き得たことと思われます。彼らはローマ帝国の税制に精通していました。それをユダヤの人々と分かち合いながら、どのように税金を少しでも少なくできるかをともに考えることもできたはずです。しかし彼らは、人々から集めた税金と、国に収める税金の差額で生きていましたから、自分の収入を減らすような情報には沈黙していたことでしょう。

取税人ザアカイが悔い改めたとき、まさに、ローマ帝国の税制と、ユダヤ人が強制されていると思っている税額の、情報のギャップを埋め、自分の身入りを削りながら、ローマ帝国とユダヤ人の間にある敵対心を減らす仲介役に徹するようになったとも考えられましょう。

商社の場合でも問われているのは、短期的な利益のために情報を自分のためだけに使うか、それとも長期的な視点に立って取引業者全体のために使うかという選択です。このような葛藤は、ある意味ですべての商社マンが体験していることでしょう。そして、短期的なプレッシャーに負けながら、自分のやり方を反省し、今度は、より良い仕事にしたいと思いながら、日夜、頑張っていることと思います。

すべての仕事には、このような矛盾が生じますが、しかし、それに居直らない人がいることで、商社の働きが人々に信頼され、用いられているとも言えましょう。

パリサイ人は自分の評判が傷つくような働きからは、いつも一線を画して生きていました。しかし、昔の取税人も、現代の商社マンも、社会の矛盾のただ中で生きていました。それゆえ人々から、お金のために自分のたましいを売っていると非難されることもあるかもしれません。しかし、「自分の胸をたたいて」「神様、罪人の私をあわれんでください」と祈った取税人は、神の前で「義と認められ」ました。

また、私の友人も、商社時代の自分の過ちを、深く反省しながら、神の赦しを体験しています。そして今は、同じような葛藤に生きている人々に、「矛盾のただ中に身を置きながら、神に仕えることができる」ということを分かち合う伝道者となっています。

第6章　私企業の中に見られる理想

多くの信仰者は、自分が勤めている会社にある矛盾を見ながら、「こんなひどい会社に勤める意味はない……」などと悩むことがあります。私も野村證券という会社をそのように見ていました。しかし、社会的な信用をそれなりに得てきている会社には、必ず美しい理想が掲げられています。それはしばしば、創業者が仕事で葛藤を覚えながら社員に知らせようとした熱い思いです。

金融の分野で証券会社は「株屋」と呼ばれ、軽蔑されてきました。しかし、野村證券の基礎を築いた初代野村徳七氏は、明治三十九年の時点で次のように記しています。

「株式、公社債の投資は、銀行の各種預金と同じように、将来歓迎される時代が来るから、商品についての知識を十分もつべきである。証券の本質の科学的研究が必要である。

そして、その真価を見出し、これを投資の対象として、顧客に推奨宣伝する。これこそ、進歩的な理財行為である。株屋、相場師などと軽侮されるのは、ただ目前の利益に追われるからである。会社、銀行の資産内容をよく検討し、業績、将来性を調査することが大切である」「こうして取引を行えば、世間で投機、思惑などと評しても、恥ずるところなく、信念を押しすすめるべきである[19]」

興味深いことに初代野村徳七は、株式相場を見通して自己資金で売買することが大好きな人でした。一九〇七年（明治四十〇年）にかけて日本の株式市場は日露戦争勝利後の熱狂に浮かれていました。株価は実態から乖離する形で高騰を続けていました。彼はそのような中で、株価がやがて暴落することを予見し、果敢に空売りをかけます。これは株式証書を借りて、それを売るという行為で、株価が下がれば大きな利益を得られますが、株価がどこまで上昇するか分からない中でそれを行うことは、全財産を失うリスクがあります。彼は、明治四十年の一月七日に、「相場狂せり」という新聞広告を出して、株価の暴落の予想を人々に知らせますが、株価は一月十八日まで上がり続けます。

そのため、彼は資金が枯渇し、これ以上に株価が上がると破産するというところまで追い詰められます。しかし、当時の鴻池銀行に命がけの談判をして、百万円（現在の十億円に相当）

の融資を受けることができました。当時の鴻池銀行の資本金が三百万円であったことから見てもそれは破格の融資でした。そして幸い、一月二十一日から株価は大暴落を始めます。それは日露戦争で賠償金を得ることができなかったことの結果であり、それがその後の日本経済の慢性的不況の始まりであるとさえ見られています。彼はだれよりも早く、日本経済の脆弱性を見抜いて、世の人々にそれに対する対策を訴えたのですが、同時に、このカラ売りによって巨万の富を手にしました。

ただ、そのストレスの結果なのか、四月には胃がんを発病し、引退を余儀なくされ十月一日には五十八歳で息を引き取ります。その後、二代目野村徳七が後を継ぎ、イギリスやフランスの国債の売買を大規模に取り扱うことで社業を拡大し、大正十五年（一九二六年）に野村證券株式会社を発足させます。

企業理念「顧客とともに栄える」

同社は創立当初より、「顧客とともに栄える」を社訓としてきました。相場師は基本的に大衆の動きの逆を行うことによって大儲けします。ですから、自分の儲けは、みんなの損の上に成り立つことになります。それに対して、同社は最初から、自己売買によって利益を得るようなことを厳しく戒めていました。ただそれでも、収益の基本は株式売買手数料ですから、顧客に売買を繰り返してもらったほうが商売になります。しかし、それは顧客にとっての利益にならない場合がほとんどで、その点で証券会社と顧客の利害が対立する面があります。

ですから同社の「顧客とともに栄える」という理念は、従来の「株屋」的な発想から徹底的に抜け出して、資本市場のため、顧客のための商売に徹するというスローガンなのです。それはある意味で、創業者自身が自分で相場に懸けてきたことの正直な葛藤から生まれてきた理念とも言えましょう。つまり、私が入社間もなくの仕事の中で葛藤を覚えたことは、創業時代からの課題であり、会社はそれに真正面から向き合い続けていたのです。

それは決して、きれいごとのスローガンではなく、それを掲げなければ、会社は長期的には立ち行かないと意識され続けてきた証しとも言えます。それは理想に燃える人がすべてに白黒を明確につけたがるのと正反対の生き方です。

ドイツで仕事をしていたとき、顧客から同業他社の情報をよく聞くことができました。彼らはしばしば顧客の心をつかむために、会社としてリスクを冒しながら、顧客に確実な利益を与えるという売買方法を取ることがありましたが、野村はどこよりも自分のリスクを抑えるということで徹底していました。それは、会社として相場見通しを立ててリスクを負うようなことはしないという厳しい社内ルールでした。バブル崩壊後に破産した大手証券会社がありましたが、その会社は自分が相場のリスクを負いながら、顧客に利益を約束するという売買において突出していました。

野村證券の基礎を築いた方は、相場で大儲けしましたが、その後継者たちは会社として相場に手を出すことを徹底的に戒めました。顧客には大きなリスクを取ることを大胆に勧めながら、自分としては決して相場に手を出さないというのは矛盾のように思えます。

実際、潜在的な顧客に「この株を買うとすごい収益が期待できますよ」と強く推奨すると、「そんなに儲かるなら、あなたが買うべきでしょう」と言われることが多々ありました。そのたびに、「当社の社員は、短期的な上昇を狙った株式売買は禁じられているのです」と答えていました。なぜなら、株式市場では、短期的にはある人の儲けはある人の損になりますから、自分で相場に手を出してしまえば、顧客の犠牲で利益を目指すことになり得るか、反対に、大口顧客を短期的に儲けさせるために自分が損を被るということになり得るからです。

それは容易に納得してもらえない理屈でしたが、それこそが証券市場の透明性と拡大を目指す仲介業者としてもっとも大切な原則でした。それゆえ野村證券は、同業他社が破綻に瀕していた一九六五年に野村総合研究所を設立し、二〇〇八年のリーマンショックの際には、リーマンブラザースの海外部門を買収するなど、危機のたびに先行投資をすることができてきました。

仕事の矛盾と向き合うことから生まれる強さ

以上は別に私が元いた会社の自慢をしたいわけではありません。私はこの会社での最初の三年近く、ドイツ留学が決まるまで、「いつ、どのように辞めようか……」ということばかりを考えていたと言っても過言ではありません。この会社のやっている働きが、無意味で反社会的にさえ思えていたことさえありました。たしかに、「銀行とは違ってリスクを覚悟したお金が集められるシステムのすばらしさ」などの意味は分かりました。しかし、「顧客に博打のような株の短期売買を勧めて、手数料で稼ぐ」という働きとの結び付きの必然性が分かりませんでした。

しかし、「証券市場の流動性を確保する」ということの大切さが分かったとき、証券会社の業務を全体として見られるようになってきました。そして、創業者の思いや会社の歴史を見るとき、自分の判断があまりにも短絡的であったということも分かってきました。創業者もその後継者も、自分の先輩たちも、同じようにこの仕事に潜む矛盾と危険をよく直視しながら、それでも証券市場を生かすために、また仕事の内容を良くするために葛藤し続けてきたということが見えてきたからです。

私のもとの同僚が、ゆうちょ銀行や地方銀行の投資信託取り扱い業務の顧問として働いた感想を教えてくれました。多くの場合、「価格が変動するのが当たり前の金融商品の取り扱いに関して、いくら説明しても感覚的に十分に理解してもらうことができない」というもどかしさを感じたとのことです。組織自体が元本保証と確定利息の商品を扱うという体制になっているために、リスク商品への対応が困難になっているとのことでした。彼らの顧客も基本的に何の警戒心もなく銀行の担当者の言葉を信じてしまうため、購入後の価格変動に戸惑いを覚えることが多いとのことでした。

最近はゆうちょ銀行の不祥事が話題になっていますが、投資信託の場合でも、保険契約の場合でも、過大なノルマによって誤った販売方法が採られたと報じられています。しかし、私自身の経験からも、また、保険を取り扱っている親しい友人の見解によっても、問題の根本は、組織としての商品知識の不足と社内の自浄体制の欠如によるものと思われます。

ノルマの厳しさに関しては、野村證券にしても、大手保険会社の営業にしても、ゆうちょ銀行にはるかにまさっているかもしれません。しかし、このような会社は、その歴史の中で、営業担当者がプレッシャーに負けて誤った販売方法に走ってしまった事例に何度も対処してきています。そのため、社内の監査システムがしっかりしているばかりか、管理職の人も問題に敏感に対処できなければその地位を守ることができないようになっています。なぜなら、長い歴史を持つ民間の金融機関は、不正が明るみになった際の、金融庁の厳しい検査を受けることや、社会の批判を浴びることの恐ろしさを十分に理解し、警戒してきているからです。
ところが、ゆうちょ銀行の場合などは、その前身の郵便局の流れから、「親方日の丸」的な経営がなされており、そのような不祥事によって会社が倒産の危機に瀕するという体験がありませんでした。

市場経済の厳しい評価に耐えるための企業理念

純粋な民間の会社は、一見、企業利益の最大化をいつも目指しているようでありながら、世論や社会を敵に回してしまったときに、会社が成り立たなくなるという危険を熟知しています。市場経済はその点、きわめてクールに作用します。消費者からそっぽを向かれた会社は、倒産するしかありません。ですからそれらの企業は常に、社会や消費者から受け入れられ、また従業員も納得できる企業理念を掲げています。ゆうちょ銀行の不祥事は、利益ばかりを追い求めたことの結果という以前に、市場経済の冷徹な評価にさらされてこなかったことによる自浄能力の欠如とさえ言えましょう。

ですから、長い間成長を続けてきた会社には、それぞれ消費者にも従業員にも訴えかける企業理念があるものです。ところが、厳しい市場の評価に耐えてきたという会社の歴史や経営者の葛藤を知らない若い従業員は、会社の中にある矛盾ばかりが見えて、それをバランスさせてきた崇高な理念のようなものは、単なるきれいごとにしか見えません。実際、私自身も、野村證券の企業理念である「顧客とともに栄える」を、現実とかけ離れたきれいごとにしか思えませんでした。しかし経営者は、それぞれの営業担当者が顧客との利害の対立に悩む以上に、利益追求と社会の人々の評価のはざまで悩み続けているものです。私たちはもっと、それぞれの企業経営者が味わってきた葛藤をもっと優しい目で見る必要がありましょう。

　私は退職を前にしながら、一週間にわたる十年時研修を受けることができました。そこでの最大のテーマは、五十年以上にわたって健全な経営が守られている会社が、驚くほど少ないという現実でした。私はそのとき、改めて、自分が会社に対して持ってきた批判があまりにも上滑りで現実から遊離したものであるということがよく分かりました。

　二〇一八年に、株式時価総額日本最大のトヨタ自動車の社長が、自動車産業の現況を、「百年に一度の大改革の時代」であり、「勝つか負けるかではなく、生きるか死ぬか」の選択が迫られていると従業員に向かって語っていました。確かに、電気自動車の普及を前に、戦略を誤れば「下請けや孫請けなど数十万人の雇用に影響する恐れがある」とも言われているからです。[20]それに対して豊田社長は「私はトヨタを、クルマ会社を超え、人々の様々な移動を助ける会社、モビリティ・カンパニーへと変革することを決意しました」と宣言しています。

同業他社が、かつて大幅な人員削減で業績を回復し、その後の内紛で経営危機に陥っているときに、トヨタは、グループ創業者の豊田佐吉が一九三五年に豊田綱領として発表した「研究と創造に心を致し、常に時流に先んずべし」「温情友愛の精神を発揮し、家庭的美風を作興すべし」という理念を、今も大切にしています。[21]

豊田章男社長は日本企業として初めて売上高三十兆円を超えたことを発表した二〇一九年三月期の決算説明会で、「最大の脅威は、トヨタは大丈夫だと思うこと」と危機感を訴えました。企業が雇用を守るにはそれだけの危機感が必要です。安泰な会社などどこにもありません。世界は、かつてない変化の時代を迎えているからです。

第7章　「敬意を込めて主人に従いなさい」VS「人に従うより、神に従うべき」

私が学生のとき何回か集った聖書研究の交わりで、「就職して、明らかに神のみこころに反すると思われる仕事を命じられたとき、どう行動すべきか……」ということが話し合われていました。私はそれを聞いて、とてつもない違和感を覚え、その集会に集うのをやめました。職場の中に、自分の意に反する仕事があることは当然のことで、それ以上に、その仕事を通して自分が社会の役に立つことができるという視点を持つべきだと思っていたからです。

しかし、自分が体験した仕事の矛盾は、自分の想定のレベルをはるかに超えていました。ただ、そのような見方も、今になって思えば、それでも短絡的であったということが分かってきました。ペテロの手紙第一2章13―19節には次のように記されています。

「人が立てたすべての制度に、主のゆえに従いなさい。……すべての人を敬い、兄弟たちを愛し、神を恐れ、王を敬いなさい。しもべたちよ、敬意を込めて主人に従いなさい。善良で優しい主人だけでなく、意地悪な主人にも従いなさい。もしだれかが不当な苦しみを受けながら、神の御前における良心のゆえに悲しみに耐えるなら、それは神に喜ばれることです」

ここでの「人が立てたすべての制度」の中に、貨幣を媒介とした市場経済も、またその核心部分としての証券市場も含まれます。また、「すべての人を敬い」という中に、仕事に見られる矛盾に悩みながら、その仕事の内容をより良くしようと葛藤を味わってきた先輩たちが含まれます。また、「意地悪な主人」の中に、私のことを「エセ・クリ」と言って罵倒した課長ばかりか、自分の課のノルマを果たさせるために否応のないプレッシャーをかけた上司も含まれます。

ただし、最後の文章の「神の御前における良心」という翻訳は、解釈を加えすぎかと思われます。これは直訳では、「神への意識のゆえに」と記され、聖書協会共同訳は「神のことを思って苦痛を耐えるなら」と訳しています。私たちはあまりにも自分の短い経験の狭い視野から「神の御前における良心」を主張しがちではないでしょうか。私自身がまさにそうでした。

あなたがたの神、主（ヤハウェ）にすがりなさい

私の場合は「神のことを思って」というよりはるかに次元が低いですが、「神が自分の苦しみに目を留めていてくださることを信じて、神に祈りながら仕事をしていた」という自覚はあります。それはまったく自己都合でしかなかったかもしれませんが、「神への意識」があったことは確かです。そして、神は、私が必死に「神にすがった」ということ自体を喜んでいてくださいました。私たちは創造主への信仰をあまりにも人間的な意味での道徳的な面に片寄って考えすぎているかもしれません。ヨシュア記23章7―10節にはヨシュアの遺言が次のように記されています（傍点筆者）。

「彼らの神々の名を口にしてはならない。……それらに仕えてはならない。それらを拝んではならない。ただ今日までしてきたように、あなたがたの神、主（ヤハウェ）にすがりなさい。主（ヤハウェ）は、大きくて強い異邦の民をあなたがたの前から追い払われた。だから今日まで、あなたがたの前に立ちはだかることのできる者は、一人としていなかった。あなたがたは一人で千人を追うことができる」

私には自慢できるような働きは何もありません。どう考えても、自分があの札幌支店の個人営業職で、投資信託の募集のノルマを果たし続け、また株式売買手数料もそれなりに稼いできたこと自体が不思議です。あるとき株式売買で顧客になってくれた人が、すぐに「空売り」をしたいと言ってきましたが、当時の自分に対応する能力がありませんでした。それで課長が、「この客から入った手数料はおまえの点数にするから、俺に任せろ」と言ってくれ、それ以降しばらくの間、株式の短期売買が苦手な自分が、株式手数料を稼いだことになっていたということもありました。

ドイツ留学を前にしたとき、人事部の担当者が、「君は、百数十人の同期の営業マンの中で、唯一、二年間の留学が許されたのだから、自覚をもって学んでこい」と言われました。そのとき私は、まさに天にも昇る気持ちになりました。本当に、ドイツに向かう飛行機の中で有頂天になりながら、そのときは、その道を開いてくださった神様に感謝する以上に、「僕って、優秀なんだ！」と自分を誇っていました。それはまさに、モーセがイスラエルの民に、約束の地に入った繁栄の中で、「あなたは心のうちで『私の力、私の手の力がこの富を築き上げたのだ』と言わないように気をつけなさい」（申命記８・17）と警告していたのと同じ姿でした。ただ、幸い、その後の語学学校では、あるドイツ文学の教授が「おまえは鼻もちならないほど生意気だ」と率直に批判してくれ、謙遜にされるというようなことがありました。

またその後学んだ大学では、信頼できるドイツ人のクリスチャンとの交わりが与えられ、信仰生活を豊かに保つことができるようになりました。とにかく、聖書に描かれた信仰とは、「主にすがり続ける者を、主が守り通してくださる」ということが基本です。創世記に描かれたヤコブの物語を読みながら、ヤコブは正しい人であったから神の祝福を受けることができたと思う人はまずいないことでしょう。その反対に、「ヤコブはお父さんやお兄さんを何度も欺くような狡猾な人間ではあったが、神の祝福を受け継ぐことの意味を理解し、主にすがり続けたからこそ、主の祝福を受けた」と読まれるのではないでしょうか。

ふたつの統治――福音とこの世の権力

先の「神の御前における良心のゆえに悲しみに耐える」というみことばを、あまりに個人的な道徳観で、「良心に反する仕事を押し付ける〝不当な要求〟」という被害者意識の中で考えることは危険です。この世界には暴力的な脅しや損得勘定で人を裏切るような人が後を絶ちません。それに対してこの世の権力によるさばきが必要です。それに関してマルティン・ルターは次のような現実的な対応を勧めています。

「キリスト教的な統治が全世界に共通のものとなることはこの世ではありえないことで

ある。……なぜなら、悪人はいつでも善人よりずっと多いからである。だから、一国全体や世界を、福音をもって統治しようと企てることは、すなわちまさしく、ひとりの羊飼いが一つの馬小屋に狼と獅子とわしと羊とをいっしょに入れ、どれでも互いに自由に行き来させて、『えさを食べ、互いにおとなしく、仲良くしなさい。馬小屋は開いているし、えさも十分にある。犬や棍棒を恐れる必要はない』と言うようなものである。ここでは羊は平和をたもち、こういうようにおとなしくえさをもらい、治められるだろうが、長く生きることはないだろうし、どのけものでも、他のけもののまえに生き続けることはないだろう。

それゆえ、この二つの統治を熱心に区別して、両者とも存続させなければならない。一つは義たらしめるものであり、一つは外的に平和をつくりだし、悪事を阻止するものであって、この世ではどちらを欠いても十分ではないのである[22]」

このルターの主張はしばしば「二王国論」と呼ばれます。福音による統治では、キリストの教会が福音を人々に伝え、人々を神の前に義とし、神に喜んで仕えるように導く責任を負います。一方で、この世の権力による統治では、法律によって悪事を行う者をさばくことで、この世の悪を抑える責任が委ねられています。そして、この霊的支配と、権力による支配は、異なった論理で動きますから、互いの領域の論理を尊重する必要があります。しかし、この二元論的な考え方こそが、ドイツではヒットラーの支配を正当化することに用いられたと、批判されることがあります。

ただし、私には、弱肉強食が当たり前とも見られる市場経済の中で、自分も生き延び、また人をも生き延びさせる上で、このような区分けは大切な知恵であると思えます。株式売買が博打を正当化することになるからといって、売買の自由を制限するなら、市場が市場として機能しなくなります。法律は、あくまでも、偽りの情報で市場を歪めることを禁止するもので、公権力は明らかな不正をさばくことしかできません。そのような中で、この世の会社で働く私たちの上司は、法律違反すれすれの命令を部下に下して、かなり無茶な仕事をさせることがあります。私たちはその中で深く悩み葛藤を覚えますが、「敬意を込めて主人に従いなさい」というみことばが、かえって私たちを良心の呵責から救ってくれるということもあります。

実際、私自身の経験からしても、上司自身も悩みながら、そのように命じざるを得ないという面があるからです。しかも、人間は、置かれた立場によって、まったく別のものの見方をするようになります。ですから、自分としては、今は納得できないとしても、立場が変わったら別の見方をすることになるかもしれないと思いながら、基本的に上司の命令に従うという姿勢を保つことが大切です。確かに、主のみこころを真剣に求めて生きようとする者は、多くの場合、目の前の仕事に矛盾を感じるのが当然とも言えましょう。しかし、あちらを立てればこちらが立たずという二律背反的な葛藤は、仕事には付き物です。そのとき上司には上司なりの葛藤があるという現実を見られるようになる余裕こそ、キリストのうちに生かされている者の特権と言えましょう。自分の狭い良心に従って、いちいち命令に異議を唱えてしまっては、組織が組織として成り立ちません。そして、機能しない組織は、それだけでこの世の市場経済では破綻に追い込まれることは必至です。

たとえば私自身も営業時代にノルマに押しつぶされそうになりながら働き続けていました。毎週のように新たなノルマが課せられ、毎回、何の達成の目途もないという状態から始めざるを得ません。しかし、そのようなプレッシャーがなければ、だれが新規開拓のための飛び込み個別訪問を繰り返すことができるでしょう。迷惑がられながら戸別訪問や電話外交ができるのは、潜在顧客から受ける非難よりも、社内の上司から受ける非難のほうが怖いからにほかなりません。残念ながら、プレッシャーがなければ新規開拓が進まない現実があるのです。そこで大切なのは、その〝不当な要求〟に、神のご支配の現実を見出すことです。主が与えてくださる解決は、多くの場合、〝不当な要求〟をする上司を目の前から取り除くことよりも、その〝不当な要求〟を全うさせてくださることとも言えましょう。

人に従うより、神に従うべきです

なお、ルターは『軍人もまた救われるか』において、軍人の務めに関して「もし私の主人が不正の戦いをしたなら、どうか」という問いに対し、「もし、彼が不正であることをあなたが知っていたら、使徒行伝五章二九節にあるように、あなたは人よりも神を恐れ、神に従うべきであり（新改訳では「人に従うより、神に従うべきです」）、戦ってはならず、仕えてはならない。なぜなら、そのときあなたは、神に対して安んじた良心を持つことができないからである」とも答えています。[23]

これは、先にルターが「この世の剣の権威を尊重するように」と勧めたことと矛盾するかのようですが、彼にとっては当然のことです。なぜなら宗教改革は、彼がカール五世という全ヨーロッパの支配者とも見られていた皇帝の前に立たされ、自分の主張を取り消すように迫られながら、「私の良心は神のみことばに堅く結びつけられています。私は私の良心に反して行動することは危険であり、不名誉でもありますから、私は何も取り消しえないし、また取り消そうとも思いません」と答えたことによって決定づけられたからです。[24] この世の権威を誰よりも尊重したはずの人が、実際は、真っ向からこの世の権威を否定するような改革運動を起こしたのです。

ただし、ルターは同時に、「しかし主人が不正であるかどうかわからず、もしくは、これを知ることができないときは、あなたは不正確な正しさのゆえに、確かな服従を弱めないで、愛にもとづいて、最善のことを主人に期待すべきである」[25]とも記しています（傍点著者）。しばしば、カルヴァン派とルター派の間で、この世の権威に対する対応を巡っての見解の違いが過度に強調されることがありますが、「人に従うより、神に従うべきです」（使徒5・29）を引用しながら、この世の権威への抵抗権を尊重するという点ではまったく同じです。ただ、この世の権力者をどの程度悪く見るのか、また善意に見るのかという、視点の違いが大きいのかもしれないとも思います。

なお、前章で引用した豊田綱領の第五番目には「神佛を尊崇し、報恩感謝の生活を為すべし」と記されていますが、豊田佐吉は二宮尊徳の思想を受け継いでいました。豊田自動車を立ち上げた豊田喜一郎は豊田綱領に基づいて豊興神社を建てます。そして現社長の父である豊田章一郎の時代まで、正月元日の朝八時半、トヨタの経営幹部は本社工場の北側にある松林に囲まれた鳥居をくぐり、ものづくりの神様を奉ってある豊興神社の境内に集まり、社長を頭に小さな社の前で手を合わせ、社運の隆盛を祈願する儀式を行っていたとのことです。[26]

イエスを主と告白する者は、たとえ二宮尊徳や豊田佐吉を尊敬し、その思想を学んだとしても、私たちの神が最も大切な命令として、「あなたには、わたし以外に、ほかの神があってはならない。あなたは自分のために偶像を造ってはならない。……それらを拝んではならない。それらに仕えてはならない」（出エジプト20・3―5）と言われたことばに背くことはできません。トヨタのような国際企業になれば、会社の幹部全員に神社参拝を強要するということはあり得ないことでしょうが、日本社会では、神社参拝を日本固有の文化として受け止めさせようという圧力が決して弱くはありません。私たちはそのようなとき、「人に従うより、神に従うべきです」ということばによって、偶像礼拝の罪から守られるように、神にすがるべきです。

黙示録から励ましを受ける

それにしても私たちは、第二次大戦時の日本の教会の姿勢を反省すべきでしょう。無教会の指導者で戦後に東京大学総長に立てられた矢内原忠雄は、第二次大戦の最中には、黙示録13章に預言されたとおりのことが日本で起きていたと、次のように記しています。

「思うに二・二六事件当時（一九三六年）のいわゆる非常時より、太平洋戦争の終了にいたるまでの十年間、わが国はサタン「竜」の権力の風靡するところとなった（黙示13・2）。天皇を現人神としてその神格の承認を国民に強要し、神社参拝を命令し、獣の像を拝せざる者には厳しき弾圧が加えられた。獣はまた大言とけがし言を語る口を与えられ、もろもろの族、民、国語、国をつかさどる権威を与えられた（13・5―7）。而して、多くの偽祭司、偽預言者、偽宗教家、偽学者、偽思想家、偽評論家どもは、あるいは一身の危険を恐れ、あるいは利益に迎合して、獣のために或いは論じ或いは行うて、国民をして獣を拝ませた（13・12―14）。……キリストに対する貞潔は失われ、教会の中にも獣に対する賛美の声が満ちた」[27]（傍点筆者）

つまり、矢内原は、戦時中の日本では、黙示録の記述のとおりのことが起きていたと分析しながら、同時に、その暗闇の時代も全能の神の御手の中にあったと信じていたのです。

第二次世界大戦の間の日本の教会はほぼ例外なく天皇を現人神とし神社参拝に参加しましたが、日本占領下の朝鮮半島では多くの信仰者がこれに抵抗を見せました。そのような中で、キリスト教のミッションスクールでは、「警察は神社参拝に出てこない生徒を調査し、彼らを学校から退学させるとともに、彼らの父を職場から首切りし、もし商業を営む者は、それを中止させて生活に脅迫を加えた」ということが実際に行われました。[28] これはまさに、黙示録13章16、17節に記されたこと、神社参拝という獣の像を拝んだ者だけが経済活動に参加することが許され、「その刻印を持っている者以外は、だれも物を売り買いできないようにした」ということが文字どおり現実に起きたことでした。残念ながら日本の教会は、そのような中で、わざわざ朝鮮半島にまで出かけていって、神社は宗教ではないと説き伏せていました。

矢内原氏は、当時を振り返りながら、「獣（国家権力）は猛威を振るった。しかし、それはまことに『一年と二年と半年の間（三年半と解釈できる）』（12・14、カッコ内筆者）であった。過ぎ去った今、往時をかえりみれば、ひと時の悪夢である。而して我に帰れば、神の勝利に対する賛美と神の恩恵に対する感謝のみが我が心に沸き起こる。しかしながら、サタンは未だまったく滅ぼされたのではない。『七つのラッパ』（8―11章）は終わったけれど、やがてまた新しき審判の連環として『七つの鉢』（16章）が始まるであろう。その時、キリストに対する操守を全うして己が永遠の生命を失わぬよう、今の中にヨハネの幻影の教うる意味を心して学んでおかなければならない」と記しています。[29]

私たちは信仰の迫害を受けるとき、それが永遠に続くような錯覚を覚えますが、黙示録によれば、それはすべて主のご支配の中で起きていることであり、大患難の時代はいつも三年半程度の短期で終わるという歴史的な事実があるということです。たとえば、三〇三年にローマ皇帝ディオクレティアヌスが帝国東部でキリスト教徒に大迫害を加えますが、彼は三〇五年に退位しました。翌年にはコンスタンティヌスがイギリスで、家臣たちによって皇帝に推挙され、三〇八年には帝国西部で権力を確立し、三一三年にはミラノ勅令によって帝国全土にキリスト教を公認させます。つまり、歴史的な大迫害の直後に、イエス・キリストが全ローマで神としてあがめられるという道が開かれていたのです。

なお、矢内原が警告した「七つの鉢」の時代とは、17、18章に描かれる「大淫婦」、「大バビロン」ではないでしょうか。それはローマ帝国の支配下の安定の下で、ヨーロッパからアフリカ北部、中東がひとつの市場になり、自由な交易が発展しましたが、それに伴って商人が大きな力を持ち、政治権力さえもお金で左右されたことを指しています。現代もグローバル市場経済の中で、この世の富と権力が結びついて、信仰者に偶像礼拝を強要しようという動きが生まれます。それはお金と権力を神とさせる偶像礼拝です。その誘惑に屈してはなりません。

善悪の基準があいまいな日本企業の文脈で

二〇一八年三月財務省近畿財務局の職員の方が自らいのちを絶ったとの報道がありました。上司から公文書改ざんを命じられ、それが発覚して調査を受けた翌日のことで、遺書には「このままでは自分一人の責任にされてしまう」「冷たい」などと記されていたとのことです。その方がどれだけ苦しまれたのか、私たちの想像を超えますが、このような痛ましい事例が後を絶ちません。残念ながら、東芝の粉飾決算のようには公にされない数多くの粉飾決算などが民間企業には起きています。それは明らかな犯罪ですが、目の前の倒産を避けるためには、そのような道しか残されていないように見える場合があります。そして日本の風土として、そのようなときに「自分が泥をかぶって、会社を、また仲間を守る」ということが美徳とされる場合があります。それは一見、キリストに倣った自己犠牲と見えることもあるかもしれませんが、神の目から見たら、それは会社や組織を偶像化しているに過ぎないとも言えます。しかし、私たちは地上の主人に仕える場合にも、「人にではなく主（キリスト）に仕えるように、喜んで仕えなさい」（エペソ6・7、カッコ内筆者）と命じられています。日本の組織の常識は世界的にはあまりにも非常識になっている場合があります。そして問題が発覚した場合には、泥をかぶってくれた人にすべての責任を負わせ、組織は生き残りを図ります。

それにしても私たちがそのような場面に置かれるとき、どのように行動したらよいのでしょう。いろんな解決方法があることでしょうが、何よりも大切なのは、主の前に静まり、主にすべての問題を訴え、主のみこころを求めることです。それと同時に、最初から上司に敵対的に接するようなことはしないで、上司の葛藤を理解することが大切でしょう。ただ同時に、明確な法律違反行為の命令に対しては、自分が日本的な価値観ではなく「神に従う」信仰的な良心に束縛されているということを丁重に語り、命令を拒否し、場合によっては退職をも覚悟する必要があるかもしれません。

ただ時には、ある部署全体の動きに抵抗のしようがない場合も多くあることでしょう。そのような際、部門のトップの方の葛藤に寄り添いながらも、「私はこれに納得できませんが、いざとなったらだれが責任を負うのかを明確にしてほしい」と尋ねることもできるのではないでしょうか。日本の多くの組織では、責任者がだれなのかを明らかにしないまま、「空気」で大切なことが決められていくことがあります。このようなことばは、一瞬、多くの人に自覚を促し、流れにブレーキをかける効果があります。

ただ、その場合、責任者は、何よりも内部告発を恐れると思われますから、たとえば「私は、部長が最終的な責任を一人で負うということを明確にしている限り、決してこのことを外部に知らせはしません」という約束はしてもよいのではないでしょうか。とにかく、「黙って従うふりをしていながら、いざとなったら内部告発する」というようなやり方は、正義を求めているようでありながら、あまりにも独りよがりで、周囲の方々にも大きな犠牲を強いることになります。もちろん、悪の暴走を止めるために内部告発が必要になる場合もあるかもしれませんが、私たちはできる限り内部の責任者と正面から向き合うべきでしょう。そのように上司の責任とか覚悟を確かめることには、本当に勇気が必要ですが、そのようなときこそ、「私を強くしてくださる方によって、私はどんなことでもできるのです」（ピリピ4・13）というようなみことばの真実を体験できるときでもあります。

とにかく日本の場合は、社会全体の常識と社内の常識が、時にあまりにもかけ離れてしまいます。しかもその矛盾が発覚すると、組織自体が社会の激しい批判を受けて成り立たなくなることがあります。ですから、日本的な調和を超えて、神に従い、上司に抵抗するという勇気こそが、組織を守ることになるかもしれません。ただ、これは明らかに法律違反になるような仕事に関してのことです。法律違反すれすれの業務命令も多くあることでしょう。そのときには、だれが責任を負うかということを明確に主張することで、自分を守り、また仲間を守ることができます。

ただ、法律自体が経済活動の実態に合っていない場合もあり得ます。たとえば、昔は、大手建設会社の談合にも似た阿吽《あうん》の呼吸で、大工事の受注の順番が決まっていましたが、あるときからその慣行が厳しく非難されるようになりました。それまでは大手建設会社は、下請け業界の利益も考えながら受注価格を考える余裕がありましたが、それができなくなり、下請けの業界が倒産に追い込まれるなどということも起きました。ある意味で談合に似た協調を前提として成り立っていた業界の構図が、世論に押されて一夜にして崩されたのです。その際、今までゆるやかに適用されていた談合を禁止する法律が、突然厳しく適用されることになりました。

世論としては、大手建設会社が談合によって不当な利益を獲得しているというものでしたが、その会社の一つに勤めていた私の信仰の友人は、深く嘆いていました。それは、それによって誰よりも被害を受けるのが、弱い立場の下請け業界になるということが分かっていたからです。しばしば、建設業界の方が、「私は大過なく、仕事を全うすることができました」というとき、それが具体的には、「刑事事件にされずに済んだ」という意味にほかならないとも言われます。

業界の現実と法律の間に大きな乖離があるときに、現場の人は、その場その場で、ギリギリの判断を迫られることがあります。その際の決断は、どちらにしても後味の悪いものになることでしょう。そのとき、その判断自体が、主のみこころにかなっていたかどうかは容易に評価することはできません。しかし、自分の決断がどのような影響を及ぼすかを冷静に考えながら、必死に主の導きを求めて祈っていたという信仰の姿勢自体が、主に喜ばれていると言えましょう。この世界の真の王であられる神は、私たちがいつでもどこでも、祈りの交わりに生きることと自体を望んでおられるからです。

第8章　休むことの大切さ

現在のイスラエルは七十年前に生まれた国でありながら、二〇一四年に一人当たり国内総生産額で日本を抜き、今や、隠れ人工知能大国と呼ばれています。世界の最先端技術の研究所がひしめき合い、新しい会社が次々に生まれます。その一方で、人口の約一二%がユダヤ教超正統派（Haredi）に属し、その男性の半数が世の生産活動から離れて聖書やタルムードの学びと宗教儀式に献身し、彼らは貧しい暮らしながらも社会で最高の生活満足度を得ていると言われます。

国連が発表している世界生活満足度調査二〇一九年版ではイスラエルが、北欧諸国やカナダ、オーストラリアなどに続いて百五十六か国中十三番目でした。日本は社会的寛容度の低さが響いて五十八番目と驚くほど低い水準です。これは一人当たり国内総生産や平均寿命などの客観的データも尊重されながら、安心感などの主観的なものも大切にされて総合的に判断される指標です。アラブ諸国に囲まれ、いつも戦争の危険にある国がこれほど高い生活満足度を得ているのは何とも不思議ですが、サピエンス全史などで世界的に注目されているイスラエルの歴史学者ユヴァル・ノア・ハラリは、貧しいながらも伝統的なコミュニティーを大切にしているユダヤ教超正統派の生活満足度が際立って高いのが原因ではないかと分析しています[30]。

私はそれと同時に、このような保守的なユダヤ人が政治的な影響力を持っているために、国全体として聖書の安息日の教えを守らざるを得ない形ができているからではないかと思います。彼らはまるでダビデ時代のレビ人の生活に憧れているかのような不思議な人々ですが、最低限の生活が政府から保障され、社会的な影響力を持っています。ですからイスラエル社会では安息日の休みが徹底されています。安息日にはすべての商店が閉じられるのはもちろん、公共の交通機関さえ動きません。敬虔なユダヤ教徒は、その日、スマホをはじめとする電子機器も動かしません。現在の日本では、コンビニの店主が何年間も休日がない生活をせざるを得ないなどということが話題になりますが、そのような過重労働から無縁の社会で、最先端技術も世界最高水準になっています。

私自身もドイツ滞在時代に驚いたのは、土曜日の午後から月曜日の朝まで、基本的にすべての商店が休むということでした。日曜礼拝に集う信仰者も、その午後には家族がそろって食事をするとか散歩に行くとかの活動を大切にしていました。日曜日の午後に会議を開くことはもちろん、伝道集会を開くこともありません。伝道的なイベントはクリスチャンにとっての労働になりますから、それは土曜日に守られるのがほとんどでした。役員会を日曜日の午後に開くような教会は聞いたことがありません。また、年間に四週間以上の長期休暇を取ることが義務化されていました。ドイツなどではキリストの影響力がどんどん小さくなっていますが、それでもそのような聖書的な休みの習慣が大切にされています。まして、ユダヤ教の超正統派が政治的にも大きな力を持つ国では、どれほど聖書的な休息の大切さが守られることかということが想像できます。

ただ、神に向かって、私のたましいよ。沈黙せよ

今後、社会の生産的な活動が人口知能やロボットに次々と任せられると、ユダヤ教超正統派や米国のアーミッシュに見られるような、一見、非生産的と見える生き方が改めて脚光を浴びる可能性があるのかもしれません。先のハラリ氏は『サピエンス全史』上下巻、『ホモ・デウス』上下巻が全世界的なベストセラーになり、一躍、今後の人類に関して議論する際の「知の巨人」として世界的に評価されています。ただ、不思議なのは、彼が生物工学や情報工学の進展によって世界の民主主義的な秩序が崩壊する可能性を語っている一方で、何よりも「瞑想」を大切なこととして実践しているということです。彼の場合は、足を組んで目を閉じて座り、

何もせずに、ただ鼻から出たり入ったりする息に注意を向ける静まりのときを守っています。彼は次のように記しています。

「私は二〇〇〇年に初めて講習を受けて以来、毎日二時間瞑想するようになり、毎年一か月か二カ月、長い瞑想修業に行く。瞑想は現実からの逃避ではない。現実と接触する行為だ。私は毎日少なくとも二時間、実際に現実をありのままに観察するが、残る二十二時間は、電子メールやツィートの処理やかわいい子犬の動画の観賞に忙殺される。瞑想の実践が提供してくれる集中力と明晰さがなければ『サピエンス全史』も『ホモ・デウス』も書けなかっただろう。

瞑想が世界のあらゆる問題の解決策になるなどとは、私は断じて思っていない。世の中を変えるためには行動を起こす必要があり、こちらのほうがなおさら重要なのだが、団結する必要がある。五十人が団結して協力すれば、五百人がばらばらに取り組むよりもはるかに多くを成し遂げられる。もし本当に気にかけていることがあれば、それに関連した組織に加わることだ。今週中にもそうしてほしい」[31]

旧新約聖書全巻を誤りのない神のことばと信じる立場からすれば、ユダヤ教の超正統派にも、東洋的な瞑想に傾倒するハラリにも同意できないことのほうが多くあります。しかし、彼らは確かに、効率性やテクノロジーの発展ばかりを大切にする世の流れに大切な視点を提供してくれています。

今から三千年前の、仏教よりはるかに古い時代のダビデによる詩篇62篇では、「ただ、神に向かって、私のたましいは沈黙している。この方から　私の救いが来る。……ただ、神に向かって、私のたましいよ。沈黙せよ。この方から　私の望みが来るからだ」（1、5節、私訳）と記されています。そこでは創造主の前に沈黙することの大切さが説かれ、またそこから「私の望み」の変化が生まれると約束されています。ハラリが感動する三千年前から、彼の先祖であるダビデは、神の前で心を静めて沈黙することの大切さを説いているのです。

しかも、人間の何よりの喜びは身近な人との心の交わりから生まれます。しばしば、「ユダヤ人が安息日を守ったというよりも、安息日がユダヤ人を守った」とも言われます。それは、安息日には、創造主を礼拝し、創造主の前に静まるということと、家族や信仰の友との交わりを大切にし、ともに食事をする習慣とがセットになっているからです。それこそがハラリが勧める、世の中を変えるための団結の機会とも言えましょう。ハラリは無神論的な発言を繰り返しますが、彼が勧めていることは、聖書の伝統の大きな影響下にあることが分かります。

安息日を守ることから生まれる恵み

子育てや子どもの教育には時間とお金がかかるばかりですが、社会で最も重要で大変な仕事です。同じように私たちの「心」を育み育てる教会の働きや礼拝は、ＡＩ（人工知能）の進化に反比例するように、その大切さに目が向けられるべきではないでしょうか。

イスラエルがバビロン捕囚から帰還し、神殿建設に取りかかりながら、それが進まなかったときのことです。主は預言者ハガイを通して、「この宮が廃墟となっているのに、あなたがただけが板張りの家に住む時だろうか。……あなたがたの歩みをよく考えよ。多くの種を蒔いても収穫はわずか。……金を稼ぐ者が稼いでも、穴の開いた袋に入れるだけ。……あなたがたは多くを期待したが、見よ、得た物はわずか。……それは……あなたがたがそれぞれ、自分の家のために走り回っていたからだ」（ハガイ１・４―６、９）と言われました。それは、神への礼拝を後回しにして目の前の生産活動に精力を注いでも、その働きに「のろい」が下され、労苦が無駄になることがあるという意味です。私たちは、むやみに汗水たらして働く前に、労苦が無駄にならない生き方を求めるべきでしょう。

仕事におけるクリスチャンとしての証しの一環に「休む」ことの大切さがあるのではないでしょうか。なぜなら、聖書には一週間に一日は安息日として、完全に仕事を休むことが命じられていたからです。その日は「いかなる仕事もしてはならない」と厳しく命じられていました。そして、その日に薪を集めていた人が石打ちの刑に処せられて殺されたということまで記されていました（民数記15・32―36）。

しかも安息日には、「男奴隷や女奴隷、牛、ろば、いかなる家畜も、また、あなたの町囲みの中にいる寄留者」にも完全に休むことが命じられていました（申命記５・14）。これこそ「十のことば」の核心であると言われ、この日を聖別することで、神への愛と隣人愛が実践されることになります。三千五百年前の安息日の命令こそが方向の見えない神々の競争から世界を救うことができます。

出エジプト記20章８―11節では、神が休まれたから、それに倣って神の民も休むことが命じられていました。つまり、人は、神に似せて、神のかたちに創造されているからこそ、神が休まれたように休むべきなのです。それに反して、休むことを軽んじる生活は、「神のかたち」を忘れさせ、人間の価値を生産性の基準で評価することになります。最近になってコンビニ業界の二十四時間営業が変化を迫られつつあります。ＯＥＣＤ発表の国際比較で見ると、二〇一八年の日本の時間当たり労働生産性はＯＥＣＤ加盟三十六国中二十一位で、先進諸国中の最低レベルです。これは米国やドイツの約六五％のレベルで、韓国やギリシャの二割増し程度に過ぎません。[32] もし、日本がドイツのように休みを徹底するなら、これほど低い労働生産性の数字にはならないはずです。

なお、日本の年間平均労働時間は一、六八〇時間と、先進国の平均レベルですが、ドイツは一、三六三時間の先進国中最短レベルになっています。なお、韓国は二、〇〇五時間、メキシコは二、一四八時、イスラエル一、九一〇時間、米国一、七八六時間となっています。[33] ただ、ドイツでは絶対あり得ないサービス残業が、日本では頻繁に行われているという現実も考慮すると、日本の実際の労働時間はずっと長いと思われます。とにかく、「休み」を増やすことこそ、日本の課題と言えましょう。

いかなる労働もしてはならない

それればかりか、レビ記23章では年の三つの大きな祭りにからんで、合計七日にわたって「いかなる労働もしてはならない」と命じられています。それは安息日命令ほど厳しくないことで、自分の生活の糧を得るための仕事を休むように命じられているという意味です。

第一と第二は過越の祭りに関わるもので、第一の月の十五日の種なしパンの祭りの第一日と、その七日後の聖なる会合の日には「いかなる労働もしてはならない」と記されます（7、8節）。

第三はペンテコステに関わるもので過越の安息日の翌日から五十日目の安息日の翌日で、その日に聖なる会合を開き、「いかなる労働もしてはならない」と命じられています（21節）。つまり、ペンテコステの祝いは確実に二日連続の休みになりました。

第四から第七の聖なる会合の日は、仮庵の祭りに関係します。まず第四の休みである第七の月の新月の祭りは「全き休みの日」と規定されます（24節）。第五は、それから十日目の「宥《なだ》めの日」（大贖罪の日）に関して、「その日に自らを戒めない者（断食しない者）はだれでも、自分の民から断ち切られる。だれでも、その日に少しでも仕事をする者は、わたしはその人を民の間から滅ぼす。いかなる仕事もしてはならない。これは、あなたがたがどこに住んでいても代々守るべき永遠の掟である」と厳しく命じられていました（29―31節、傍点筆者）。第六と第七は、第七の月の十五日に仮庵の祭りが始まりますが、その初日と八日目は聖なる会合の日として「いかなる労働もしてはならない」と命じられていました（35、36節）。

これらの日は、安息日と重ならない限り、追加の休みの日になりました。後には過越の祭りの前の月の十四日と十五日にはエステル記にちなんだプリムの祭りを二日間にわたって祝うように命じられ、さらに旧約外典に記されたユダ・マカベオスがギリシアの王に汚された神殿をきよめたところから「宮きよめの祭り」が祝われるようになり、それが現在のクリスマスにつながったという見方もあります。とにかく、今から三千年以上も前から「働いてはならない」という命令が厳しく何度も記されていたということは画期的なことです。

またレビ記25章では七年に一度は一年間耕作地を休ませることが命じられていました（4、

５節）。これは欧米の牧師や大学教授を含めた教職者が七年に一度の長期休暇を命じられていることにつながります。日本では、つい百年ほど前まで、丁稚奉公に行ったら盆と正月しか休みがなく、日の出前から日没後まで働き続けるのが当たり前でした。それに対して、三千数百年前のレビ記の規定に「働いてはならない」という命令が繰り返されているのです。

それは、社会の豊かさを生み出すのは、人間の労働である前に、主の恵みとあわれみであることを思い起こさせる機会だからです。ドイツなどでは四週間の夏休みが義務であるばかりか、有給を消化しないこと、また、長時間労働によって結果的に他の人の働きの機会を奪うことは、悪徳であると非難されます。主の眼差《まなざ》しを意識する生き方の中に、休みをしっかり取るということも含まれているのを忘れてはなりません。

休むことはクリスチャンの証し

主は、あなたがこの世の仕事に情熱を傾け、そこで理想を追求しようとする姿勢を喜んでくださいます。ただし、クリスチャンであるがゆえに、この世の仕事で葛藤を味わい、不自由にならざるを得ないなどという感覚ではなく、主があなたの仕事を喜び、祝福してくださるという面にこそ意識を向けるべきでしょう。また、主の命令によって「休む」ことの大切さも覚えたいものです。

伝道者の書に「昔あったものは、これからもあり、かつて起こったことは、これからも起こる。日の下には新しいものは一つもない」（1・9）と記されています。まさに、土地（アダマ－）から造られた人（アダム）が、神から離れて生きようとした時点で、土地がのろわれ、この地上での様々な問題は避けられなくなりました。ですから、この世の問題にそう簡単な解決はあり得ません。一つの問題の解決は別の新しい問題を生む、という現実を忘れてはなりません。人としての限界を認め、創造主を恐れ愛する生き方に繰り返し立ち返ることこそ、すべての出発点です。

私は仕事でのドイツ駐在員時代に伝道者への召しを受け、その後、約三年半にわたりフランクフルト支店や東京本社で働く必要がありましたが、その際にキリスト者としての「召し」として一番自覚していたのは、残業を最低限にすること、有給休暇の消化、会社の人々とのお付き合いを減らすなどのことでした。最後に約五か月間本社にいたときには、従業員組合にも参加し、女性社員の労働環境の改善などにも声を上げさせていただきました。

多くのクリスチャンは、世の人々が期待する敬虔なクリスチャン像に縛られ過ぎて、正当な主張ができなくなってはいないでしょうか。しかし、創造主ご自身によって永遠のいのちが保障されている者こそ、この日本の環境を変えるために、堂々と戦うべきではないでしょうか。

世界最高の平均寿命を誇る日本が、生活満足度では世界で五十八番目という低位置にあるのは、社会的なストレスが高いために他なりません。その根本に、仕事を大胆に「休む」という主張ができにくい環境があります。日本の人々から評価されるような従順な生き方ではなく、「神のかたち」として創造された人間として、神との豊かな交わりを定期的に確保するために「仕事を休む」ことこそ、私たちが心がけるべきことでしょう。仕事の成果を出すことも大切ですが、何よりも大切なことは、創造主との交わりのうちに生きることではないでしょうか。

第二部　クリスチャンの経済活動

日本人の道徳律は、「人様に迷惑をかけてはいけません」かもしれません。そして、イエスの時代の律法学者も「何をするにも注意を払い、すべての行為を節度あるものにしなさい。自分が嫌なことは、ほかの誰にもしてはならない」（旧約外典トビト4・14、15、聖書協会共同訳）と強調しました。しかしイエスは、山上の説教を黄金律としてまとめ、「あなたがたが望んでいることは何であっても、それは人々があなたにしてくれることに関してですが、あなたがたも同じように人にしてあげなさい。これが律法と預言者です」（マタイ7・12、私訳）と言われました。ここではまず、自分の心の「望み」を正直に認めさせることから文章が始まり、そこから他者の「望み」を推測し、それをかなえるようにと向かいます。

イエスの教えの特徴は「してはならない」という発想を「しなさい」という能動形に変えたことにあると言われます。減点主義は人を萎縮させるからです。

しばしば、私企業の働きが「金儲け」として軽く見られることがあります。しかし、それは企業活動の成果において「利益」が客観的な基準として評価されるからに過ぎません。少なくとも私の未信者の友人に、「おまえは金儲けのために仕事をしているのか」と問うなら、「金儲けだけのためだったら、誰がここまで苦労を引き受けるものか」とほとんどの人が答えることでしょう。

一人ひとりが、自分に課せられた責任を果たすことに必死になっているという点では、信者も未信者も変わりはしません。ただそれにしても、利益を出すこと自体が「悪い」などという道徳観が聖書に記されているでしょうか。以下に有名なイエスの例話を紹介し、その後にお金の誘惑に関しても記させていただきます。

以前、新型コロナウイルス危機で資金繰りに苦しむ企業などを支援する「持続化給付金」の配布手続きが、「公共性」を看板にする一般社団法人から「民間企業」に何層にもわたって再委託されていることが問題視されました。ただ、なぜそのような構造が必要になったかの分析が少ないように感じられました。何となくそこには「利益追求を目的とする私企業」に「公共」の働きを委ねることが社会的に認知され難いという雰囲気があるように思われます。公共の働きを小さな会社に任せているわけではないという「看板」が必要になったとも言えましょう。民間の商業活動を軽く見る世論こそが、何層にもわたる看板を生み出しているのかもしれません。市場の厳しい評価に常にさらされている私企業のほうが、責任の所在が不明確になりがちな公官庁よりも、実務が信頼できるということを私たちは見直すべきではないでしょうか。

第9章　ミナのたとえ——王の現れを待ちつつ働く

ルカの福音書19章では、有名なミナ（ムナ）のたとえが取税人ザアカイの家で語られます。そこには、「イエスがエルサレムの近くに来ていて、人々が神の国がすぐに現れると思っていた」（11節）という誤解を正すという目的がありました。

当時の人々にとって、「神の国が……現れる」とは、ユダヤ人がローマ帝国からの独立を果たしてダビデ王国を再現することを意味しました。イエスの弟子たちは、イエスが「ダビデの子」である「王」として即位し、自分たちが大臣になり権威を発揮できることを期待していたことでしょう。しかし、そのイエスが今、ローマ帝国の支配の手先である取税人の家でもてなしを受けているのです。彼らには到底理解できないことでした。

実は、このたとえは当時の政治状況を反映しているのです。ヘロデ大王の死後、紀元前四年頃、彼の二人の息子アルケラオとアンティパスがローマに上って、それぞれ自分を後継の王にしてくれるようにローマ皇帝に訴えました。その際、アルケラオのほうが長男で優位に立っていました。イエスが「ある身分の高い人が遠い国に行った。王位を授かって戻って来るためであった」（12節）と言われたとき、聴衆の心の中には、そのイメージが湧きました。[34]ヘロデ大王の息子たちにとってのローマ皇帝が、イエスにとっては天の父なる神なのですが、当面は、王権を発揮できないという点では共通します。どちらにしても、目に見える「神の国」は期待どおりには実現せず、その間、弟子たちは矛盾に満ちた世界に取り残され、任された責任を果たすことが期待されているのです。

主に仕えるように、喜んで仕えなさい

そして、「彼はしもべを十人呼んで、彼らに十ミナを与え、『私が帰って来るまで、これで商売をしなさい』と言った。一方、その国の人々は彼を憎んでいたので、彼の後に使者を送り、『この人が私たちの王になるのを、私たちは望んでいません』と伝えた」（13、14節）と描かれます。実際、アルケラオは不在中のことを家臣たちに委ねてローマに行きましたが、その間、ユダヤ人たちは皇帝に使いを送って、アルケラオを王として認めないように嘆願したという事実がありました。なぜなら、彼はエルサレムで三千人のユダヤ人を虐殺したからです。つまり「十人のしもべ」は、王とある意味で信頼関係があったように思われますが、「国民たち」はこ

の人を王とは認めないというのです。

この点でも、イエスとアルケラオには共通点があります。イエスも、全く異なった理由であったにせよ、人々から拒絶されます。イエスの弟子たちは、イエスを王として認めない人々の間で、任された働きをする必要がありました。そして、この話を聞いていたザアカイとその仲間には、このたとえは現実的でした。取税人は、ローマ皇帝によって立てられたユダヤの王（またはローマ総督）から任された仕事を行っていました。しかし、彼らが仕えるその王（または総督）は、ユダヤ人からは憎まれていました。人々から憎まれている王の手下として働くのは、容易なことではありません。

私たちの場合も、イエスは人々から憎まれてはいないにしても、この世界の王であるとは認められていません。私たちもこの世において、「私は、王であるイエスのために働きます」ということを理解してもらえない人々の間で、イエスの眼差しを意識して、イエスから任された働きをするように召されているのです。使徒パウロは、当時の奴隷に対して、「恐れおののいて真心から地上の主人に従いなさい。ご機嫌取りのような、うわべだけの仕え方ではなく、キリストのしもべとして心から神のみこころを行い、人にではなく主に仕えるように、喜んで仕えなさい」（エペソ６・５―７）と命じました。日本のサラリーマンは、会社の中でローマ帝国時代の奴隷のような扱いを受けることがあるかもしれません。しかし、そのようなとき、上司のです。その際、自分の仕事を「主に仕える」ことの一環として位置付け、上司と話し合うことも、時には必要でしょう。

このたとえでは、続けて「さて、彼は王位を授かって帰って来ると、金を与えておいたしもべたちを呼び出すように命じた。彼らがどんな商売をしたかを知ろうと思ったのである。最初のしもべが進み出て言った。『ご主人様、あなた様の一ミナで十ミナをもうけました』」（15、16節）と話が展開します。一ミナというのは当時の労働者や兵士の「百日分の労賃」に相当します。ですから、たとえば日給五千円の人が、五十万円の元手で五百万円儲けたというようなことを意味します。これは、かなりリスクを伴う商売を、知恵を使って行い、見事に成功したということでしょう。

なお、主人が命じた「商売をしなさい」ということばはギリシア語でプラグマテウオマイという動詞です。ちなみに、英語のプラグマティック（実用的）ということばも同じ語根から派生したギリシア語のプラグマティコスということばから生まれています。とにかく、ここでは何らかの冷徹で実践的な「商取引」または「投資」によって、短期間で預けられたお金を十倍にしたということが述べられています。たぶん、しもべはどのような商売をしたかを喜んで説明したことでしょう。

あなたの一ミナが十ミナに増えました

私たちもどのような商売をしたら、資金を短期間に十倍にできるかが、とても気になります。その秘訣は、人々が何を心の底で望んでいるかを見極めることです。たとえば、ある困難な状況の中で大変な飢え渇きで苦しんでいる人を探して、飲食を提供できたら、驚くべき報酬を得ることができます。商売の知恵は、何かが豊かにあるところと、何かが不足しているところをつなぐことです。また、耕す畑を持っていても、前年の凶作で、植える種を持っていない人に種または種を買うお金を貸し付けるということだってできます。

私たちはふと、そのようなときに、「困っている人を無償で援助するのが愛の行為である」と考えることがあります。もちろん、無一文の貧しい人を、見返りを求めずに助けるのは、当然のことです。しかし、すでにそこに何らかの生産がなされているときに、その地に無償の援助を行うことは、そこにある弱小産業を破壊することになります。

以前、アフリカでマラリア感染を防ぐために、募金を集めて大量の蚊帳《かや》を送り届けた有名な女優がいたとのことですが、その結果、現地の蚊帳業者が次々と倒産してしまい、蚊帳が壊れたとき、修理する職人もいなくなってしまって、かえって現地の人々に大迷惑をかけたという話を聞いたことがあります。もし、この女優が、誰か人を雇って、現地の蚊帳業者の実態とそこでの販売価格、また蚊帳を必要とする人の生活の状況を調べ、そこでの資金繰りや生産活動、消費者の支払い能力に応じた援助をすることができていたら、みんなを幸せにする道もあったことでしょう。

正当な代価を払う用意のある人はどの社会にも多数いますが、その支払いがなされることによって健全なお金の流れが生まれます。しかもそこでの取引価格は、そこでの必要の程度の応じて大きく変わります。日本の総合商社などは世界中に情報のネットワークを張って、そのような利益を稼ぎ出しています。それは正当な商取引です。

しかも、このしもべのことばを文字どおりに訳すなら、彼は「あなたの一ミナが十ミナに増えました」（私訳）と、自分の努力ではなく王の財産が自動的に「増えた」かのように表現しています。それに対して主人は「よくやった。良いしもべだ。おまえはほんの小さなことにも忠実だったから、十の町を支配する者になりなさい」（17節）と言われました。たった一ミナを十倍にしたら、十の町を治める県知事のような破格の権威が与えられたというのです。

その後、二番目の者が来て、「ご主人さま。あなたの一ミナが五ミナを生みました」（私訳）と、先ほどより少ないにしても、五倍もの儲けを得たということを、同じように主人のお金が自動的に増えたかのように謙遜に申し出ました。それに対しても、主人は同じように「おまえも五つの町を治めなさい」という破格の報酬を与えました（18、19節）。

私はあなたのことばによって、あなたをさばこう

そして、この二人とは正反対の態度を取った人のことが、「別のしもべが来て言った。『ご主人様、ご覧ください。あなた様の一ミナがございます。私は布に包んで、しまっておきました。あなた様は預けなかったものを取り立て、蒔かなかったものを刈り取られる厳しい方ですから、怖かったのです』」と描かれます（20、21節）。その人は、失敗を恐れてリスクの伴う投資ができませんでした。それは彼が、主人が決して失敗を赦さないばかりか、〝不当な要求〟を課す横暴な者であるかのように理解していたからです。

それに対し、主人は彼に「悪いしもべだ。私はおまえのことばによって、おまえをさばこう。おまえは、私が厳しい人間で、預けなかったものを取り立て、蒔かなかったものを刈り取ると、分かっていたというのか」（22節）と言います。これは、主人が実際にそのような人間であるという意味ではなく、そのしもべが主人をそのように見ていたということを非難したものです。

その上で、主人は「それなら、どうして私の金を銀行（高利貸し業者）に預けておかなかったのか。そうしておけば、私が帰って来たとき、それを利息と一緒に受け取れたのに」と言います（23節、カッコ内筆者）。ここでは、このしもべが主人を、高利貸しと同じ種類の人間と見て

いることに対して、それなら同類の高利貸しにでも預けておけばよかったという皮肉を言ったものです。

なお、たとえには描かれていませんが、リスクをとって商売をして、一ミナを失ってしまった人がいたかもしれません。それがここに描かれないのは不思議とも言えます。しかし、この話の焦点は、失うことを恐れて冒険をしなかった人を断罪することにあります。ですから、この暗黙の了解として、せっかく慣れない商売にチャレンジして失敗した人は、非難の対象になっていないということがありましょう。失敗した人は、報酬もない代わりに、断罪されることもありません。

彼らはセカンドチャンスにかけることができたはずです。日本のように一度でも失敗すると周りの人から相手にされなくなる恐れがあるような社会では、チャレンジしてはみたけれど失敗した人に主人がどのように向き合ったかをあえて書く必要があるかもしれませんが、一度や二度の失敗を当たり前と見るカルチャーのほうが多い中で、そのような説明は不要だったとも言えましょう。

その上で、主人は「そばに立っていた者たち」に、「その一ミナをこの者から取り上げて、十ミナ持っている者に与えなさい」と言いました（24節）。これは彼が、そのしもべが見ていたのと同じ厳しい主人として振舞うことを意味します。

イエスはマルコの福音書4章24、25節で、十二弟子に向かって、「あなたがたは、自分が量るその秤《はかり》で自分にも量り与えられ、その上に増し加えられます。持っている人はさらに与えられ、持っていない人は、持っているものまで取り上げられてしまうからです」と言われました。つまり、彼が持っている一ミナまで取り上げられたのは、彼が主人をそのように見ていた、その同じ秤が自分に適用されたという意味です。もし、彼が主人を寛大な方だと見ていたなら、彼自身も寛大に取り扱ってもらうことができたはずです。

だれでも持っている者は、さらに与えられ……

そしてここでも、この様子を見ている人々が、「ご主人様、あの人はすでに十ミナ持っています」（ルカ19・25）と言ったことに対し、主人は「おまえたちに言うが、だれでも持っている者はさらに与えられ、持っていない者からは、持っている物までも取り上げられるのだ」と答えています（26節）。それは、主人への「信頼」を持っている者、私たちの場合は「イエスへの信仰」を「持っている者はさらに与えられ」る一方で、この主人への「信頼」を持っていない者、つまり「イエスへの信仰」を「持たない者」は、終わりの日には「持っている物までも取り上げられる」という意味として理解できます。私たちがイエスをどのように見ているか、その秤で、終わりの日に量られるのです。

イエスはここで、一ミナを布に包んでしまった「悪いしもべ」について語った直後に、ミナを預けた身分の高い人を王として認めなかった者たちが「私が王になるのを望まなかったあの敵ども」（27節）と呼び、死刑に処せられたと語ります。それはイエスが、救い主であるとともに「さばきの神」として現れた方であることを示唆します。

一ミナを増やそうと努力をしなかったしもべは、神を「蒔かなかったものを刈り取られる厳しい方」と見ていました（21節）。目に見える世界の不条理の中で、神を横暴な方と思い込み、与えられた賜物を生かそうとしなかった人がさばかれることと、イエスを王として認めなかった人へのさばきが並行して記されているのです。

もちろん、このたとえは最後の審判にも適用できますが、同時に、イエスはこれを通して、旧約の最後の預言者マラキの時代の人々の、「さばきの神はどこにいるのか」（マラキ２・17）という疑問に答えられたとも言えます。[35] そこでは、世の不条理の中で、「神に仕えるのは無駄だ。神の戒めを守っても……何の得になろう」（同３・14）と、神の民が語り合っていました。

現実の経済の中にすでに、「持っている人はますます豊かに、持たない者はますます貧しくなる」という不条理が見られます。その現実を前に、神の公平なご支配を疑い、自分の身を守ることばかりに汲々とし、大胆な冒険ができない人が増えています。そのときに自分に与えられているわずかな物から、主に大胆に期待して献金する人と、主人のあわれみ深いご支配を信じて大胆に商売をする人の姿が、不思議に重ねられるようにして描かれているとも言えます。私たちも、この世の不条理を批判するばかりで、預けられているわずかな財や賜物を大胆に生かそうとしないなら、それが更なる貧困の悪循環を招くということがあるのかもしれません。

なお、次のマタイでのタラントのたとえでは「それぞれその能力に応じて」任される財が違っていましたが、このミナのたとえでは、それぞれのしもべに同じわずかな金額が任されています。つまり、これはそれぞれの能力や主人への信頼を計る試験だったと考えられます。小さな金額を大胆に生かした人は、十の町を支配するという破格の権威が与えられました。一方、このわずかなお金をしまい込んでいた人は、そのわずかな金額さえ取り上げられます。

お金は、財やサービスを交換するための方便のようなものに過ぎません。紙でもビットコインのような仮想通貨でも代わりになり得るのです。それを使おうとせずに、流通させないようにすることは、お金を「殺す」ことにほかなりません。「あの敵どもは……私の目の前で打ち殺せ」（27節）というさばきとの関係を、恐れをもって考えるべきでしょう。失敗することではなく、冒険しようとしないことが、主人への不信として、さばきの理由になり得るのです。

第10章　タラントのたとえとその関連

talent（タレント）ということばを一九六〇年版の英和大辞典で調べると、「発達させて世のために役立てるように神から人に委ねられたと考えられる素質、才能、〔聖書〕マタイ25・14―30のたとえ話しから」と、聖書箇所まで記されていました。それほどにこのたとえは、現代の文化に影響を与えています。

マタイの福音書25章14―30節のたとえで、その初めの「天の御国は○○のようです」（14節）とは、この福音書で繰り返される表現ですが、いわゆる「天国」ではなく、目に見えない天の神のご支配の現実を描写したものです。神は「旅に出るにあたり、自分のしもべたちを呼んで財産を預ける人」にたとえられます。それは、神がご自身の民にこの世の働きを任せ、その結果を問われるからです。

その際、「それぞれの能力に応じて、一人には五タラント、一人には二タラント、もう一人には一タラントを渡して旅に出かけた」(15節)とあるように預ける額に差があります。一タラントは六千デナリであり、当時の労働者や兵士の約二十年分の給与に相当します。現代の日本の平均年収の感覚で仮に年収五百万円の人なら一億円に相当するとも言えます。それで計算すると、五タラントとは五億円を、二タラントとは二億円を預けられるようなものとなります。多くの人の感覚なら、額が大きすぎて、これで「商売」を始める気にはならないかもしれません。ところが、五タラント預けられた人も、二タラント預けられた人も、主人が旅から帰って来るまでという短期間に、それを二倍に増やしたというのです。これは、大きなリスクを取る大胆な商売をしない限り不可能です。

なおここで「するとすぐに、五タラント預かった者は出て行って、それで商売をし、ほかに五タラントをもうけた」と記されています(15、16節)。これは与えられた才能を「じっくりと生かす」という適用以前に、「すぐに……出て行って」とあるように、具体的なビジネスに着手する話として受け止める必要があります。ここでの「商売をする」という動詞は通常は汗水をたらして手作業のような「仕事をする」という意味のことばです。また「もうけた」ということばも、努力または投資によって「利益を得た」という意味です。とにかく、この五タラント預けられた人は、全身全霊を懸けて仕事をして、五億円を十億円にするような結果を出すことができたということです。

五タラント、二タラントを生かす商売とは？

当時は、そのような大がかりな仕事はどのようなものがあったでしょうか。たとえば、イエスの少し前のヘロデ大王は神殿大拡張工事から宮殿の建設まで、建築工事に情熱を傾けていました。そこには多くの熟練労働者の必要がありましたが、建築資材の調達から労働者の確保まで、多くの必要があったことでしょう。そのようなときに、もし、この大きなお金を預かった人が、様々な人脈を生かして、その道の専門家を雇い入れ、どこかに眠っている建築資材や非熟練労働者を安く雇うことができたら、王の官僚たちではできない働きをして、利益を出すことができるでしょう。

また当時は、「ナルドの香油」に代表される「香油」や「乳香」「バルサム油」などが、数々の芳香植物から採取されており、そのような植物の栽培もなされていたようです。これはまったく思い付きに過ぎないことですが、もしそれぞれのそのような香料の産地に専門家と資金を提供し、都市から離れた場での生産活動を支援する形を整えるということができるなら、それも大きな商売になる可能性があることでしょう。それは都市と田舎の賃金や技術格差が利益を生む機会であるとともに、貧しい農村地域に副業を生み出すという効果もあるかもしれません。私が思い付くようなことは、すでに何度も試みられていたかと思いますが、多額の資金を動かし、利益を生み出すということは、多くの貧しい人々に仕事を与える機会でもあるということを覚えるべきでしょう。

現代ではプラントエンジニアリングという仕事があります。たとえば、海外の天然ガス資源を用いて液化天然ガスの工場を現地に建てるという働きです。日本の製造業が培《つちか》ってきた高い技術力を発展途上国で生かし、また日本からの豊かな資金力を用いて、現地に工場を建設します。その際は、基本的に現地の人々を雇い、現地の人々が工場運営に携わることができるように、懇切丁寧に現地の人々に関わっていきます。工場ができ上がると、日本は原油の中東諸国への依存を引き下げて、資源供給を多角化できます。これは、日本の高い技術力や資金力と現地の資源と安い労働力を生かす働きです。しかし、しばしば、工場建設の段階で、現地の人々が期待どおりに動いてくれないということが起きます。そのような状況下で、プラントエンジニアリングの責任者は、現地に張り付いて、現地の人々が自分たちのための働きだという意識をもって責任を全うしてくれるように調整能力を発揮する必要があります。

このような働きで利益が生まれる背景は、技術、資金力、資源、労働力の格差があり、それを調和させることから生まれます。それは、権力機構を用いた命令によっては成し遂げられない働きです。五億円を用いて五億円の利益を出した人は、そのような気の遠くなるような調整力を発揮した結果として利益を手にするのです。決して、商品を右から左に動かして手数料を取るような、濡れ手に粟の商売で、五億円を十億円にはできません。まさに汗水たらした労働の結集です。

なお、その際、先進国の評論家が「現地の労働力を不当に安く使った」と非難することがあるかもしれませんが、現地の平均給与に合わせて労働者を雇うということをしなければ、現地の給与水準を急速に上げて、現地の中小企業の経営を破綻させることになります。現地の仕事数が増えることによって、徐々に現地の賃金水準が上がるというのが最も望ましい姿です。

しかし、そのような異なった市場を結び付ける働きには、驚くべき調整能力が必要とされるということも忘れてはなりません。そのようなチームワークを立ち上げるために五億円が初期投資として用いられ、結果的に、それが十億円になるということは、あり得ることではないでしょうか。この働きは、工場が軌道に乗った時点で日本と現地の合弁会社の経営に引き渡され投資資金が回収されることになります。まさに五タラントが十タラントになる働きです。

このあたりの流れが分からないと、単なる金儲けの話と見るかもしれませんが、使われたお金が人と人とを結び付け、人の必要にこたえられているのでなければ収益は生まれません。実は、収益を生むというのは、あなたの仕事が、人々から必要とされ、評価されているということの最大の証しなのです。そして、多くの私たちへの適用として、自分に創造主ご自身から預けられている「才能」としてのタラントを生かすということにつながりますが、それはほとんどの場合、人と人との協力関係から生まれる仕事を通して、実際の生活の糧を生み出すということにつながります。

よくやった。良い忠実なしもべだ

五タラントを十タラントにした人も、二タラントを四タラントにした人も、それぞれが主人から「おまえはわずかな物に忠実だったから、多くの物を任せよう」（21、23節）と全く同じ賞賛を受けます。これほどの多額なお金が、「わずかなもの」と呼ばれ、さらに大きな責任を与えるための試験だったというのです。私たちは自分に預けられた賜物を過小評価してはいないでしょうか。

しかも、儲けた額は異なっても、「よくやった。良い忠実なしもべだ。……主人の喜びをともに喜んでくれ」とまったく同じ評価が与えられます。神が見ておられるのは、儲けた金額の多寡ではなく、預けられた賜物をどれだけ生かすことができたかという点です。目立たない働きを忠実に行っているある人が、「『神はキリストにあって、天上にあるすべての霊的祝福をもって私たちを祝福してくださいました』（エペソ1・3）と聞くとき、この神の公平な評価と喜びを思い浮かべます」と言っていましたが、そのとおりのことが記されています。

一方、一タラントしか預けられなかった人は、お金を失うことを恐れるあまり、「地面に穴を掘り、主人の金を隠した」と描かれます（18節）。その理由を、「あなた様は蒔かなかったところから刈り取り、散らさなかったところからかき集める、厳しい方だと分かっていました。それで私は怖くなり……」（24、25節）と言います。これは、この人が勝手に判断した主人の姿にしか過ぎません。

それに対し、主人は、「それなら、おまえは私の金を銀行に預けておくべきだった」と言いました（27節）。なお、ここで「銀行」というのは意訳で、厳密には（両替人や金貸し業者の）「テーブル」と記されています。当時はまだ銀行などは存在しません。ただbankということばは、この「テーブル」または「ベンチ」に由来します。ここにbankの語源が出てくるのは本当に興味深いことです。律法（申命記23・19、20）によれば、利息は同胞ではなく外国人からしか取れないはずですし、当時の貸し出し利息は、お金の場合は年利二〇％、物の場合は三三・三％が相場だったとも言われます。[36]

要するにこれは、高利貸しに金を預けることの勧めです。ですから、これは先のミナのたとえと同じように、「私をそんな人間だと思うのなら、それと同類の人に預けてでも、もうけるべきだった」という皮肉を込めた叱責なのです。それればかりか、この人は、「この役に立たないしもべ」としてさばかれ、神の民から締め出され「泣いて歯ぎしりする」というのです（30節）。ここにも、預けられたものを活かさないことへの厳しいさばきが記されます。

まことに　あなたを待ち望む者がだれも恥を見ず……

預かったお金を倍にすることは、半分になるリスクを冒すことと裏腹です。しかしそれは、「わが神　あなたに　私は信頼いたします。どうか私が恥を見ないように　敵が私に勝ち誇らないようにしてください。まことに　あなたを待ち望む者がだれも恥を見ず　ゆえなく裏切る者が　恥を見ますように」（詩篇25・2、3）という祈りを実践して、神の真実を体験する機会でもあるのです。

何人かの方々から、「投資信託やドル預金で大損をしてしまいました。欲張ったことのバチが当たったのでしょうか」という趣旨の質問を受けたことがあります。そのような人には、「それを言うなら、郵便貯金のほうがもっと悪いと思いますよ。元本保証と言ったって、インフレになったら実質価値が下がるだけです。日本の財政事情を見ると、それも本当は大変なリスクを冒していることかもしれません。しかも、そのほとんどは国の借金を補塡する国債に回っています。それは、神から与えられた創造力を無駄にすることになりはしませんか」とお答えさせていただきました。

実は「地中にお金を隠す」ことは、現代的には企業への融資を行えない「ゆうちょ銀行」に預金することと似ているのかもしれません。なぜなら、そのお金は、社会の一人ひとりの創造性を助ける働きには生かされないことがほぼ確実だからです。

イエスはここで何よりも、機会を生かさず、才能を埋もれさせることを非難しているのです。当時の律法学者、パリサイ人は、聖書を「戒めの規定」に変えてしまい、結果的に神を、失敗を赦すことのない「厳しい方」にしてしまっていました。

この結論の「だれでも持っている者は……もっと豊かになり、持っていない者は持っている物までも取り上げられる」（29節）とは、「能力のある者は」という意味ではなく、「主人の喜び」を思い描きながら働く者と、主人を「厳しい方」だと恐れながら才能を埋もれさせる人との差を表しています。それは私たちにとっては、イエスを神が遣わされたひとり子であるという信仰、神の愛を信じる信仰を持っている人はさらに豊かにされるという意味であると理解できましょう。

何もしなかったことが、さばきの理由

とにかくこのタラントの話は、預けられた高額な資金を、人と人との新たな協力関係を生み出す何らかの事業に投資して初めて、現実の利益を生み出すということが前提となっています。多くの人々は、五タラントを十タラントに増やすというたとえは、自分の現実とはあまりにもかけ離れていると思えることでしょう。それはこのような事業を自分で始めるということが自

分の想像を超えていると思われるからです。しかし、イエスはこのたとえを特別な実業家に向けて語られたのではなく、漁師の仕事しか知らなかったような弟子たちに向けて語っておられます。それは弟子たちのこれからの働きが、そのように人と人との必要を結び付け、互いに助け合うものであるとともに、そこには大きなリスクが伴うものであるからです。

私たちが社会に出て何らかの働きに就くということにはみな同じような原則があります。それを自分で自覚はしていなくても、私たちはそのような人と人との関係に中に自分の身を置いて、裏切られるリスクも負いながら、自分の才能が何らかの協力関係の中で用いられることを期待して、積極的に自分自身を差し出していくという原則はすべての人に共通しています。

しかも、それは自分で預かった資産を二倍にしたと自覚できないようなところにも適用できます。なぜなら、このタラントのたとえはマタイ25章31―46節の「すべての国の人々が御前に集められ……羊飼いが羊をやぎからより分けるように……羊を自分の右に、やぎを左に置きます」という話につながっていくからです。そこでは私たちの救い主イエスが、栄光の座について世界中の未信者、世界の真の王を知らなかった人々へのさばきの基準が知らされます。なお、これはキリストの弟子に対する「さばき」ではありません。[37]

そこで王は祝福された「羊」に分類された人々に向かって、「あなたがたはわたしが空腹であったときに食べ物を与え、渇いていたときに飲ませ、旅人であったときに宿を貸し、わたしが裸のときに服を着せ、病気をしたときに見舞い、牢にいたときに訪ねてくれたからです」と彼らの善行を評価します。それに対し「その正しい人たち」は、自分が王を助けたことなどないと答えます。

それに対し、王は、「これらのわたしの兄弟たち（キリストの弟子たち）、それも最も小さい者たちの一人にしたことは、わたしにしたのです」と言います（40節、カッコ内筆者）。つまり、この人々は、王であるイエスにお仕えしている自覚などまったくなかったのですが、イエスからの豊かな報酬を受け取ることができたのです。

一方、「やぎ」に分類された人々は、「最も小さい者たちの一人にしなかったのは、わたしにしなかったのだ」（45節）と、彼らが隣人愛を実践しなかったことが永遠の刑罰に入れられる理由として語られます。これは、一タラントを地面に穴をあけて隠した人に対応する話です。

とにかく、この二つのたとえに共通する原則は、「何もしなかったこと」つまり、一タラントを増やそうと商売をしなかったこと、また、目の前に困っている人がいるのに助けようとしなかったことが、さばきの理由とされているということです。

目の前のことにリスクを覚悟して向き合う

残念ながら、当時のパリサイ人はいつも「罪を犯すこと」ばかりを恐れていました。そのため、罪といわれる状況に自分の身を置かないようにと働きの範囲を限定していました。ですから、商売をしてお金を二倍にするという話には眉をひそめたことでしょう。

また、たとえば彼らは「あなたの隣人を自分自身のように愛しなさい」という命令に反することがないようにと、自分にとっての隣人の範囲をあえて限定していました。

ルカ10章25－37節では、イエスは、「私の隣人とはだれですか」と問う律法の専門家に、強盗に襲われた人を通りがかりの人が助けるというたとえから、「だれが、強盗に襲われた人の隣人になったと思いますか」という問いへと発展させます（36節）。

そこでは、祭司もレビ人も、自分の主への奉仕に支障が出ないようにと、この怪我人を道端に横たわっているのを見ながら、「反対側を通り過ぎて行った」（32節）と描かれます。

それに対し、「一人のサマリア人は、その人のところに来ると、見てかわいそうに思った」と記され、彼がその傷に手当てをし、自分の家畜に乗せて宿屋に連れて行って介抱し、翌日、宿屋の主人にデナリ銀貨二枚を渡して、次の仕事に向かい、帰りがけにまた立ち寄って支払いをすると言いました。

そして、「この三人の中でだれが……隣人になったと思いますか」（36節）という質問に、律法の専門家は、「サマリア人」という言葉を使うことを避けながら、「その人にあわれみ深い行いをした人です」と答えます。それは彼にとって、「サマリア人」というのは口にするのもけがらわしく思えるほどの異端宗教者と思われていたからです。

イエスはそれに対し、簡潔に、「あなたも行って、同じようにしなさい」（37節）と言われました。つまり、「良きサマリア人のたとえ」でも、自分に任された奉仕を、人々の期待どおりに全うすることよりも、通りがかりの人に関わりを持つというリスクを負うことが勧められているのです。そして、不思議にも、イエスはここであえて、「デナリ二枚」などというお金の話をさりげなく入れています。


ある営利的な私企業に勤めている人が、「私の友人の多くのクリスチャンは、学校の教師や看護師、公務員、その他様々な援助職などのように、お金儲けと直接関わりのない仕事に就いており、何か距離を感じる」と寂しそうに語っていました。しかし、この援助に関わる有名なたとえでも、お金のことが直接的に話題にされているばかりか、当時のユダヤ人から軽蔑されている種類の人が、高く評価されています。

これは、多くの人々が、「人々から尊敬される働きをすることで、信仰者としての証しができる」というイメージと異なっています。タラントのたとえも、羊をやぎからより分けるたとえでも、また良きサマリア人のたとえでも、ただ目の前のことにリスクを覚悟して向き合ったという共通点があります。お金はその際のすぐに役立つツールで、結果がすぐに明らかになりがちです。だからこそ、そこに大きな誘惑があるのですが、神から委ねられた働きという観点からは基本的に同じことが問われています。それは人の評価など気にせずに、「神のかたち」としての自由な生き方を全うすることの自覚と喜びです。

ただ、それぞれの仕事で、私たちが向き合うべき誘惑の種類が異なっているという点にこそ目を向けるべきかもしれません。しばしばお金以上に、自分の体面を守るという誘惑こそ気を付けるべきでしょう。だからこそイエスは、取税人に優しく、パリサイ人に厳しかったのかもしれません。

第11章　お金の奴隷にならないために

旧約最後のマラキ書では献金の訴えが大胆に記されていますが、それに続く新約最初のマタイの福音書におけるイエスの最初の説教では、お金に心を向けすぎることの危険が記されています。一見、矛盾するようにも見えますが、そこには意外な一貫性も見られます。

イエスは、マタイの福音書6章24節以降で、次のような美しいことばで語っておられます。

「だれも二人の主人に仕えることはできません。一方を憎んで他方を愛することになるか、一方を重んじて他方を軽んじることになります。あなたがたは神と富とに仕えることはできません（「あなたがたにはできません、神に仕えながら同時にマモンにも、ということは」《私訳》）。ですから、わたしはあなたがたに言います。何を食べようか何を飲もうかと、自分のいのちのことで心配したり、何を着ようかと、自分のからだのことで心配したりするのはやめなさい。いのちは食べ物以上のもの、からだは着る物以上のものではありませんか。

　空の鳥を見なさい。種蒔きもせず、刈り入れもせず、倉に納めることもしません。それでも、あなたがたの天の父は養っていてくださいます。あなたがたはその鳥よりも、ずっと価値があるではありませんか。

……これらのものはすべて、異邦人が切に求めているものです。あなたがたにこれらのものすべてが必要であることは、あなたがたの天の父が知っておられます。まず神の国（ご支配）と神の義（真実）を求めなさい（探しなさい）。そうすれば、これらのものはすべて、それに加えて与えられます。ですから、明日のことまで心配しなくてよいのです。明日のことは明日が心配します。苦労はその日その日に十分あります」（マタイ6・24―26、32―34、カッコ内筆者）

しばしば誤解されますが、「神の国を第一に……」とは、「神様のための教会奉仕や社会奉仕などを第一にしていけば、その功績に応じて神があなたの必要を満たしてくださる」という教えではありません。この文脈は、ここにすでにある神のご支配を「探す（seek）」ことの勧めです（事実、その直後に同じことばを用いて「探しなさい（seek）。そうすれば見出します」

〔7・7〕と記されています）。しかも、それは空の鳥を見る中から発見できるというのです。

大切なのは、今ここにある神のご支配（神の国）と神の真実（神の義）に目が開かれることによって、不必要な心配から自由にされ、今ここで与えられている責任に、リラックスしつつ、誠実に向き合うことができるようになることです。

あなたがたは神とマモンに同時に仕えることはできない

この話の何よりの趣旨は、多くの信仰者が陥る罠としての、「神とお金に同時に仕える」という両立を否定することにあります。だからこそ、ここで「富」と訳されていることばは当時使われていたアラム語の「マモン」がそのまま残されています。それはお金の誘惑を人格化した表現です。多くの人々が「お金を使う」代わりに、「お金に使われる」ことがあるからです。

マラキがモーセ五書に立ち返って勧めた「十分の一献金」とは、主が「わたしに帰れ」（3・7）と招いておられることへの具体的な応答の方法でした。マラキの時代の人々は、「悪を行う者」が経済的に繁栄し、「さばきの神」が見えなくなっている中で、「神に仕えるのは無駄だ。神の戒めを守っても……何の得になろう。……高ぶる者を幸せ者と言おう。悪を行っても栄え、神を試みても罰を免れる」と言い合っていました（2・17、3・14、15）。これは人々が神の不在を感じていたときでした[38]。

そのような中で多くのユダヤ人たちは、目の前の損得勘定を優先し、献金を惜しみながら、中途半端に神に仕えることを正当化していました。それに対しマラキは、イエスと同じように、神に仕えることと富（マモン）に仕えることを両立させるようなことをやめて、収入の十分の一を大胆に聖別することから、「神に仕える」という生き方をやり直すように命じたのです。

しかもその際、「神を試みてはならない」という教えを臆病にとらえている人に、同じ「試みる」ということばを用いて、「こうしてわたしを試してみよ。……わたしがあなたがたのために天の窓を開き、あふれるばかりの祝福をあなたがたに注ぐかどうか」（3・10、傍点筆者）と大胆にチャレンジしました。これは「神を試みても罰を免れる」（3・15）と皮肉を言っている人へのことばでもあります。

ですから、マラキ書とイエスの山上の説教には、神と富とに同時に仕えるという、中途半端な信仰を正すという意味での一貫性が見られるのです。とにかく、「十分の一」を主に聖別することは、「神と富とに仕える」という矛盾から自由になり、お金に動かされる代わりに、お金を管理できるようになるための第一歩でもあります。

ただそこで何よりも大切なのは、お金の力に溺れずに、今ここにある神の恵みに敏感になることです。この世の不公平が正される「見よ、その日が来る」（マラキ4・1）と預言されたマラキ書の次の書（マタイ）において、お金が無くても人生を楽しむことができると書いてあるのは、きわめて興味深いとも言えましょう。

「金銭愛」こそ、あらゆる悪の根

使徒パウロは、宗教活動がお金儲けの手段とされることを厳しく戒めながら、テモテへの手紙第一6章5—11節では次のように述べています（カッコ内筆者）。

「これら（前節の「ねたみ、争い、ののしり、邪推、絶え間ない言い争い」）は、知性が腐って真理を失い、敬虔を利得の手段と考える者たちの間に生じるのです。しかし、満ち足りる心を伴う敬虔こそが、大きな利益を得る道です。私たちは、何もこの世に持って来なかったし、また、何かを持って出ることもできません。衣食があれば、それで満足すべきです。金持ちになりたがる人たちは、誘惑と罠と、また人を滅びと破滅に沈める、愚かで有害な多くの欲望に陥ります。金銭を愛すること（著者注・原文フィラルグリア「金銭愛」）が、あらゆる悪の根だからです。ある人たちは金銭を追い求めたために、信仰から迷い出て、多くの苦痛で自分を刺し貫きました。しかし、神の人よ。あなたはこれらのことを避け、義と敬虔と信仰、愛と忍耐と柔和を追い求めなさい」

ここには、信仰の名のもとにお金持ちになることを正当化し、無意識のうちにでも、心がお金にとらわれてしまうことの危険性が警告されています。

なお、興味深いのは、ルカの福音書16章で、イエスによる、「不正な管理人のたとえ」をあざ笑ったパリサイ人のことが、皮肉にも、「金銭を好むパリサイ人」(14節)と紹介されていることです。「金銭を好む」とは原文で「フィラルグロス(金銭愛者)」という言葉が用いられています。つまり、ルカのたとえでは、お金の話を軽蔑していたパリサイ人こそが、イエスの目からすると、「金銭愛」にとらわれている者であるという皮肉が述べられているのです。[39]

パリサイ人は、表面的には、聖書のお話をして人々からお金を受け取るようなことはしなかった人々です。そこに彼らのプライドがありました。ただ、心の底ではいつも、自分のプライドを守るために、かえってお金のことを考えていたのではないでしょうか。私たちもこの世の経済活動を「金儲け」などと軽く見ながら、パリサイ人のようなプライドを守るために、無意識のうちにも「金銭愛」にとらわれてしまってはいないでしょうか。「金銭愛」は、友への愛と比較すると理解しやすいものです。自分の損得勘定を友情よりも優先する者は、「金銭愛者」と呼ばれるのです。

イエス・キリストにつながる者は、天地万物の創造主、この世の富の真の所有者である方に向かって、「アバ、父」と呼びかけることができる者です。あなた自身はどんなに貧乏でも、

「あなたの父」には無尽蔵の富があります。ですから、あなたは富にとらわれる必要はありません。だからこそ、いつも神を愛し、隣人を愛する生活をするべきだというのが、信仰者にとって第一の務めです。

ただ、しばしば問題になるのは、現実の教会では、イエスをあざ笑ったパリサイ人のように、表面上はお金の話を軽蔑しながら、心の底ではお金の問題に意識が向かう人々が多いということです。残念ながら、どこの教派においても、教団内での最大の議論はお金を巡ってのことになりがちではないでしょうか。そして、教会はしばしば、お金の扱い方を巡って分裂してしまいます。また多くの牧師は、お金の問題で働きを続けられなくなってしまいます。

何が問題なのでしょう。それは、多くの信仰者がお金の存在意義を正面から認めようとしていないからかもしれません。お金の最大の機能は、何よりも交換手段であるということです。お金は、それで何かを買うことができます。また、何かのサービスを受けることができます。個人の行動の自由の枠を格段に広げます。ですから、私有財産を認めることと個人の自由には、切り離せない関係があります。たとい、自分の得意分野にのみ力を注いでいたとしても、そこから生まれた物を売ったお金によって、欲しい物を何でも買うことができます。その結果、社会の分業化が進み、生産性が格段に上がります。お金はそれほどに社会にとって有益な道具ですが、しかし所詮、道具に過ぎません。大切なのは、お金を使いこなす知恵と能力です。

お金で何をしたいのか

したがって大切なのは、「お金を持つこと」ではなく、「お金で何をしたいのか……」というあなたのビジョンにあるのです。ビジョンと夢がないことこそが最大の問題と言えましょう。それに対し、聖書は私たちに、生きる方向、いのちを懸けるに値する価値を教えてくれます。

アップルの創業者、スティーブ・ジョブズは一九七六年に自宅のガレージで友人のウォズニアックとともに画期的なパソコンを開発し、会社を立ち上げます。そこに資産家のマイク・マークラが加わり、資本金四十三万円の会社を立ち上げます。その会社は、今や世界一の時価総額の会社となり、その資産価値は、日本最大の会社であるトヨタの四倍の規模になっています。たった三十五年程度で世界一の会社になったのです。ジョブズは「金儲けがしたい」といって事業を始めようとする人をたしなめて、「お金が目当てで会社を始めて成功させた人を見たことがない。まず必要なのは、世界に自分のアイデアを広めたいという思いなのだ。それを実現するために会社を立ち上げるのだ」と言っています。[40]

市場経済は、そのような新興企業の成長を支えてきました。たしかに資本を持つ人は、お金を増やせる確率が高いのですが、市場経済の中では猛烈な勢いで主役交代が起きています。たとえば液晶テレビで圧倒的な技術力を誇った会社が、倒産寸前に至りました。

非営利組織もお金で苦労しますが、ドラッカーは成功の秘訣を何よりも、参画者に「情熱の火を燃やし続ける責任」を果たすことにあると説明し、「仕事を労働にさせてはならない」と訴え、「ミッションを感じることこそが、非営利組織の活力の源泉である」と説いています。[41]つまり、やる気のある人をどれだけ惹き付けられるかが鍵となるのです。

ただ、同時にそこで問われているのは、あなたの夢やビジョンが、神からのものか、自分のプライドや自己実現欲から生まれているのかを見分けることです。イエスと対立したパリサイ人は、愚かなプライドにとらわれていることが多かったと言えましょう。

私たちは便利なお金を使いこなすことができて初めて、神の国のために豊かに用いられることができます。イエスご自身も、「あなたがたのうちに、塔を建てようとするとき、まず座って、完成させるのに十分な金があるかどうか、費用を計算しない人がいるでしょうか」（ルカ14・28）と語っておられます。

お金の管理能力に応じて、真の富を任せられる

ところでイエスは、ルカの福音書16章の「不正な管理人のたとえ」において、「主人は、不正な管理人が賢く行動したのをほめた」と言っておられ、「不正の富」で友を作ったことを評価しています（8、9節）。この「不正の富」ということばも、パリサイ人を意識した、彼らが

使っていたことばで、私たちの感覚からしたら、「この世の富を用いて、神の愛を実践しましょう！」という教えと解釈できます。

興味深いのは、何よりも、このたとえの結論として、「最も小さなことに忠実な人は、大きなことにも忠実であり、最も小さなことに不忠実な人は、大きなことにも不忠実です。ですから、あなたがたが不正の富に忠実でなければ、だれがあなたがたに、まことの富を任せるでしょうか。また、他人のものに忠実でなければ、だれがあなたがたに、あなたがた自身のものを持たせるでしょうか」（10―12節）とイエスが言われたことです。

文脈からすると、「他人のもの」とは「不正の富」に対応する自分に裁量を任された富です。一方、「あなたがた自身のもの」とは、「まことの富」に対応する、「新しい天と新しい地」において明らかになる真の豊かさです。ただ、それは「天国で」というよりもむしろ、この地のいのちの連続の中で見えるもの、つまり、今ここに始まっている「神の国」の富を指します。どちらにしても、これは、神ご自身がその人のお金の管理能力に応じて、管理すべき真の富を任せてくださるという意味に解釈できましょう。

たとえば、取税人マタイは、「不正の富」を忠実に管理していた所でイエスに声をかけられ、弟子となったのではないでしょうか（マタイ9・9、ルカ5・27）。マタイは、お金の記録を残す能力を、イエスの説教を書き留める使命に生かすことができました。「不正の富に忠実」な人に、

「まことの富」であるイエスの福音の記録が任されたのです。

教会では、お金に無頓着な人こそが神の働きができると考えられる傾向がありますが、主の目からしたら、お金の管理さえできない人間に、大きな働きをどうして任せることができようか……という問いかけとも解釈できます。

今ここにある「神の国」の豊かさに心を向けながら、同時に、創造主から管理を委ねられた富を、神と人とを愛するために用いさせていただきましょう。ビジョンに燃える人には、お金はいくらあっても足りないものですが、今あるものを感謝することこそ、すべての始まりとなります。

第12章　あなたの宝のあるところにあなたの心もある

しばしば「天に宝を蓄えなさい」ということばが、過度な献金の勧めに適用される場合があります。実際、イエスは「永遠のいのちを得るためには、どんな良いことをすればよいのでしょうか」と尋ねた青年に、「完全になりたいのなら、帰って、あなたの財産を売り払って貧しい人たちに与えなさい。そうすれば、あなたは天に宝を持つことになります。そのうえで、わたしに従って来なさい」と言われました（マタイ19・16、21、傍点筆者）。そこでは、地上の財産を手放すことが「天に宝を積む」こととして定義されているように思えます。

ただし、この地上で目に見えるイエスから、弟子として召された人はペテロでもヨハネでもマタイでも、すべてを捨ててイエスについて行きました。私たちだって、目の前に憧れのイエスを見て、その慈しみの眼差しとともに「ついて来なさい」と言われたら、すべてを捨ててついて行けるかもしれません。それはイエスとともに生きることができる幸いを、今、ここで、イエスを見ないままに体験しているからです。それは私たちの信仰以前に、イエスの魅力が私たちの心を虜にするからです。

この青年がイエスについて行けなかったのは、「私は律法の義務を果たしてきた」という誤った自負心と、あまりにも多くの地上の富を手にしていたためです。地上的な成功体験と地上的な富が邪魔になったに過ぎません。ですから、この青年の場合の問題は、地上の財産を持つことと、天に宝を持つこととが両立できなかったということではないでしょうか。実際、現在は、イエスの弟子になりたいと願う人に、「全財産を捨てるように」と迫られることなど聞いたことがありません。

蓄えてはならない、自分のために宝を地上に

イエスはマタイ6章の「山上の説教」において、「蓄えてはならない、自分のために宝を地上に、そこでは虫やさびで傷物になり、盗人が壁に穴を開け盗みます。しかし蓄えなさい、自分のために宝を天に、そこでは虫やさびで傷物になることはなく、盗人が壁に穴を開けて盗むこともありません」という明確な対比を語られました（19、20節私訳、傍点筆者）。

ここでは何よりも「蓄えてはならない」という禁止命令と、「蓄えなさい」という行動を促す命令が対照的に記されています。ですから、これを短絡的に地上的な貯金をすることの禁止

と理解してはなりません。それよりは、蓄財の動機が、「天におられるあなたがたの父」、「隠れたところで見ておられるあなた自身の父」を意識してのものであるのか、それとも自分自身にとっての地上的な報いを期待したものであるかが問われていると言えましょう。

しかもここでは、自分の「宝を地上に蓄える」場合と、自分の「宝を天に蓄える」場合の対比がユーモラスに対照的に描かれています。前者の場合は「虫やさびで傷物になる」一方、後者では「虫やさびで傷物になることはない」と言われます。また前者では「盗人が壁に穴を開けて盗む」と言われ、後者では「盗人が壁に穴を開けて盗むこともありません」と言われます。

ここでの鍵は「宝」ということばの意味です。これは「蓄える」という動詞の名詞形の「蓄えられるもの」ということばが用いられています。ですから、ここでは何よりも、「蓄えられるもの」は、「地上」ではなく、「天に」「蓄えなさい」と命じられているのです。これは、ありえない命令とも言えます。天には預金システムは存在しないからです。

したがって、これを安易に「天国貯金の勧め」かのように解釈してはなりません。献金は確かに天の父を意識した大切な行為ですが、現実には、ほとんどの信仰者は、献金をする一方で、同時に、この地上での将来の安全のための貯金をしているからです。しかしここでは、地上にという蓄えるか、天に蓄えるかの二者択一が迫られており、一部を天に、その残りを地上にという〝分散投資〟の勧めでは決してありません。しかも、「献金を、天国に入れていただくための担保」かのように考えることなど、イエスに従おうと考える人にはあり得ないことです。

すべてのことを天の父の視点から行う

その二律背反を解く鍵は、「あなたの宝のあるところ、そこにあなたの心もあるのです」（21節）ということばにあります。それは「あなたが蓄えることができるものが置かれているその場所に、あなたの心がある」という意味です。確かに現実的な適用としては、主への献金は、私たちの心が天の父に向けられるための大切な訓練の機会として推奨することができます。献げれば献げるほど、あなたは御父との交わりを深めることができることでしょう。ですから、自分の信仰を成長させる最も効果的な方法は、献金をすることとも言えます。「あなたの心」が「主に向かう」からです。

ところが現実には、「天に蓄えなさい」と言われて献金したら、「地上の教会財産として蓄えられていた。……何かしっくりこない」と思われる方もいるかもしれません。事実今も、カルト的な宗教では、「会員の生活は死ぬまで保障される……」などと言われ、住居を売ってまで共同生活に入ることが勧められることがあります。しかし、それは、財産の管理権を宗教団体幹部に任せてしまうことにほかなりません。それは自分自身の選択の自由を放棄する、奴隷への道とさえ言えましょう。

それに対して、旧約聖書以来守られている原則は、あなた個人の収入の十分の一に限っては、旧約においてはレビ人に、新約においては教会会計に管理権を移譲するということです。残りの十分の九や、あなたの財産に関しても、それは全部、あなた自身のものというより、すべて神から与えられたものであり、お金の管理権があなたに残されているということに過ぎません。

たとえば、私が神学校に入学するときに、学びの期間のお金の蓄えが十分にありました。私と家内は、貯金通帳を前にして「これはすべてあなたのものです」とお祈りし、お献げしました。確かにそれを用いて、神の働きのためにかなりの献金もしてきましたが、多くのお金は私たちの手に残ったままで、それを使って、レストランや映画やスポーツクラブに行くこともありました。しかし、「食べるにも飲むにも、何をするにも、すべて神の栄光を現すためにしなさい」（Ⅰコリント10・31）と命じられているように、それは何の問題もありません。中世の教会では、財産を全部修道院に寄付して、そしてその修道院で一生を過ごすことがしばしば美徳とされましたが、それは私にとっては、神のかたちとしての自由な選択権を放棄することにしか思えません。

とにかく「天に宝を蓄える」とは、すべてのことを天の父の視点から行うという心の持ち方です。先に「施しをするときは、右の手がしていることを左の手に知られないようにしなさい」（6・3）と言われたように、自分の功績を神の前にどれだけ積んだかを計り始めたとたん、それは地上の宝になっています。「蓄えることができない愛の働き」にあなたの心が動いているときこそ「天に宝を蓄えている」ときとも言えましょう。それは献金の勧めというよりは、神の喜びをいつでもどこでも第一とするという生き方にほかなりません。

マタイ6章22、23節も一つの対句で、「からだの明かり（ともしび）は目です。ですから、あなたの目が健やか（まっすぐ）なら全身が明るくなりますが、目が悪ければ全身が暗くなります。ですから、もしあなたのうちにある光が闇なら、その闇はどれほどでしょうか」と記されます（カッコ内筆者）。

現代、「目」は外の光を取り入れる窓のように見られますが、当時の感覚で「目」は体全体の方向を決める「車のヘッドライトのようなもの」と見られていました。[42] ですから、あなたの「心の目」の方向が「天におられるあなたの父」にまっすぐに向けられているなら、あなたの「全身が明るくなり」ますが、心の目が悪いために天の父を見られないなら、あなたの「全身が暗くなる」というのです。そして「あなたのうちにある光」とは、そのように天の父を見る心の目のともしびを指し、それが暗いなら天の父を見ることができずに、あなたがますます暗くなるという意味です。

天に蓄えているようでいて、地上に蓄えることの問題

それにしても「自分のために、天に宝を蓄えなさい。……あなたの宝のあるところ、そこにあなたの心もあるのです」ということばの「天」をあえて「宗教世界」と読み替えると、大切な人間心理が見えてきます。多くのキリスト者は、新興宗教による強引とも言える献金集めの話を聞くたびに、強い嫌悪感を覚えます。それは、そこに偽善や詐欺の臭いを感じるからです。ただ同時に、そこに集う人々が、なぜあれほど熱心に伝道に励むことができるのか、不思議にも思います。しばしば私たちは、「彼らは騙されている、かわいそうに……」などと上から目線で同情を覚えたりもします。しかし、彼らはそれほど無知なのでしょうか。

この秘密を理解する鍵は、何よりも、「あなたの宝のあるところ、そこにあなたの心もある」というイエスのことばにあります。人は、自分にとってかけがえのない宝を献げた宗教世界を愛さずにはいられなくなります。たとえ疑問を感じることがあっても、人は基本的に自分の行動を正当化したいと思うものですから、多額の献金を献げた人であればあるほど、宗教活動にのめり込んで、自分は正しいことをしているという満足感を味わいたいと心の底で願います。つまり、宗教への献身を促すためには、最初に心からの献金を励ますのが一番効果的な道となるとも理解できます。

ただこれは、一種の心理操作にもなり得ますから、私たちは注意しなければなりません。しかし少なくとも、新興宗教と同一視されることを恐れて献金の訴えを遠慮することが、かえって信仰の成長を阻害することにもなり得るという、皮肉な落とし穴を理解する鍵にはなります。残念ながら、多くのキリスト者の善意が、その矛盾を招いてしまっています。もし、その人の「宝のあるところ」が教会であるならば、その人の心も教会に向かう一方で、その人のお金が自分の趣味や他の働きに向けられているなら、当然、その人の心が教会の働きに向かう比率は低くなります。

それにしても現実には、目に見えない神への献金は、目に見える地上の教会財政に現されることは紛れもない事実です。そして、それが目に見える教会の働きへの献身を促すという効果もあります。しかし、そこには同時に、お金が絡むがゆえの、抜き差しならない、「真理を巡っての闘争」を生み出す危険性もあります。しばしば、会堂建設の後に教会で内紛が起きるのは、献金の成果が目に見えて表れるからでもありましょう。自分の貴重な財を献げた教会を守りたいと思うあまり、自分の理想を引っ込めることができなくなってしまうのです。

しかし、私たちのいのちにとって何よりも大切なものは、蓄えることのできないものです。それはたとえば、太陽の光や空気のように、神の無限の愛によって与えられ続けているものです。さらにまた、心と心が通い合う友との交わりも、蓄えられるようなものではありません。

実は、本当の意味で人を生かすことができるものは、「蓄えることができないもの」なのです。つまり地上的には「宝」とは見られないものこそが、神からの「真の宝」と呼ぶことができるものです。

イエスはここで何よりも、人の評価をはじめとする「地上的な報い」から自由に生きるように勧めておられます。ですから、逆説的ではありますが、自分の献げたお金が目に見える立派な教会堂になることにも、注意しなければなりません。それは、宝物を蓄える蔵を建てることに似て、人間の地上的な達成欲をかき立てるシンボルになり得るからです。

イエスは何よりも、天の神の眼差しを意識した、地上的な報いの期待できない良い働きを勧めておられます。働きの結果が目に見えることに、落とし穴があるからです。人々の称賛も、働きの成果が見える達成欲にも、際限がありません。それらは、私たちの心の目を「天の父」から引き離させる誘惑に満ちています。この世の評価を超えた、神の視点をいつも目の前に置くべきです。

私たちの教会の関係者が、カナダのヴァンクーバーにあるリージェント・カレッジで神学を学び、その後、米国のＩＴ企業の技術者として働いています。彼に、神学の学びがどのように今の仕事に生きているかを聞いたところ、「聖書を学んで神を身近に感じられるようになった結果、仕事の成果に一喜一憂しなくなった。職業としての仕事に自分のアイデンティティのすべてを懸けずに、自由な気持ちで仕事と教会奉仕を両立できるようになった」と言っていました。

天地万物の創造主を知り、自分の仕事を神から与えられたものとして認め、天の視点から自分の仕事を見ることができるようになるとき、そこに心の余裕が生まれます。仕事に対する使命感を持ちながら、同時に、仕事で成果を出すことよりもはるかに大切なことがあるということを、聖書から知ることができます。そこから、社会の評価に一喜一憂しない仕事の仕方が生まれます。

第13章　貧富の格差と市場経済

国際金融の世界に身を置いていたこともある者としては、しばしば日本の信仰者の間で、経済的な格差が広がることばかりを理由に、資本主義や市場経済が否定的に論じられる傾向があることには心が痛んでいました。しかし世界的なベストセラーとなったユヴァル・ノア・ハラリの『サピエンス全史——文明の構造と人類の幸福』において、一部の富裕層が社会の支配者となる傾向は、約一万年前に始まった「農業革命」に起因するという分析が記されています。実際、聖書を読みながら、貧富の格差は今から二千六百年前の預言書の時代の中心テーマの一つであることを示されてきましたから、この分析には心から感心しました。

ハラリは、農業革命による「食料の増加は、より良い食生活や、より長い休暇には結びつかなかった。むしろ、人口爆発と飽食のエリート層の誕生につながった。平均的な農耕民は、平均的な狩猟採集民よりも苦労して働いたのに、見返りに得られる食べ物は劣っていた。農業革命は、史上最大の詐欺だったのだ」とさえ記しています。[43]

そしてこの格差拡大の原則は、産業革命以降の近・現代にも適用できる面があります。それから考えられるのは、神がアブラハムをカルデアのウルの地から召し出して、旅人、寄留者としての生活をさせながら「神の民」として育て、律法を与えたのは、農業革命による貧富の格差が広がり固定化した時期だったということです。しかも、アブラハムの子孫が約束の地での定住生活に入る前に、そこで起きる矛盾を解決する教えが事前に必要でした。そこには、七年ごとに土地を休ませ、借金を免除するとか、五十年ごとのヨベルの年には二年間も土地を休ませ、それぞれの氏族を最初の相続地に戻すなどという、貧富の格差を無くすための様々な知恵が記されています。

歴史とともにあった貧富の格差

どの国においても、古代には現代よりもはるかに厳しい格差社会がありました。しかも宗教が、それを固定化させる働きを担っていました。典型は、ヒンズー教におけるカースト制度です。征服者とそれに従う階層秩序が、創造神話によって根拠づけられていました。ハラリは、それがインド社会の安定化に寄与していたと指摘します。それによって民族紛争を回避させたからです。

ただ、たとえそうだとしても、人口の半数近くもの人を生まれながらの奴隷階層（シュードラ）に扱うばかりか、さらに人口の一六％にも達する人々をカースト制度の外にいる不可触民（ダリット）と位置付け、人間扱いされないなどということが宗教によって正当化されてよいのでしょうか。インドではたとえクリスチャンになったとしても、ダリットの階層に生まれた人に「神のかたち」としての健全な誇りを自覚させることは非常に困難であると言われます。

私の友人の友人は、ダリットであったときに信仰に導かれましたが、聖書に記されていることと、多くのインド人クリスチャンが無意識に受け止めていることとのギャップに悩みました。たとえば、クリスチャンが集まってともに食事をするときでさえ、ダリット出身の人々は、離れた場所で、粗末な食器を使うことが当然と見られていました。そのような方々に、人はみな「神のかたちに創造された」ということを自覚してもらうことは、本来、教会にとっての大切な使命になります。

日本でも江戸時代の士農工商、部落出身者という身分制度が長らく続き、それが明治時代に大きく変わり出したと言っても、つい七十五年前までは明確な階級制度がありました。私の父は北海道の開拓民でありながら、小作農に過ぎませんでした。戦後の農地改革で地主になることができましたから、不謹慎ながら「マッカーサーのおかげで土地を所有できた」と喜んでいました。

戦後の日本には米国の占領とともにキリスト教的価値観が入ってきました。戦前の感覚が残っていた父は、私が大学に進学するということ自体をあり得ないことと思っていましたが、戦後の教育を受けた私は「すべての人間に同じ機会が与えられて当然だ」と思うことができていました。しかし、このような信念を当然と思うことができるのは、世界的にはきわめてまれな出来事です。

聖書と市場経済が生み出した階層変化

私が大学時代に野村證券の入社面接を受けたときに、人事担当者に「僕は、個人営業はしたくありません」と言ったところ、担当者は「君は個人営業には配属されないと思うよ」と言ってくれました。ところが入社してみると会社の方針が変わっていて、新卒はすべて個人営業に配属ということになっていました。私は「騙された……」と後悔しましたが、今は、納得しています。

それは、個人営業の厳しさを体験しないまま専門職についても、広い視野に立った仕事ができないと思われるからです。そして確かに人事面でも、営業からのたたき上げの人が、会社の中心を占めていました。しかし、多くの世界的な企業の実際では、最初から営業職は営業職のまま、専門職は専門職のままです。また、幹部候補生は最初から経営学修士や博士号を取っているとか、貴族の生まれであるとかがほとんどで、入社の段階からすべての人に同じ機会を保障するようなシステムはありません。日本でも格差の固定化が問題にされますが、「すべての人に同じ機会が与えられるべき」という建前的なコンセンサスがあること自体が、歴史的には奇跡と言えましょう。

現在の日本国憲法にどれだけ聖書的な価値観が取り込まれているかを、私たちは見過ごしてはなりません。それを神の恵みとして感謝して受け止め、それを守ることを大切にすべきでしょう。とにかく、すべての人に同じ教育の機会や、能力を発揮する機会が保障されるべきという理想を、当然の権利として主張できるという社会は、人類の歴史ではきわめてまれなことです。

そのような変化は、聖書的な人間観がしだいに人々を変えてきたという長期的な流れもありますが、同時に、現代の市場経済のシステムこそ、その価値観の変化を加速していると言えましょう。それは経済的な支配者の交代が、平和の中でも驚くほど頻繁に起きることに現されています。

たとえばパソコンの開発で世界を変えたアップルの創業者スティーブ・ジョブズは、シリア移民の父から生まれ、養子に出され、教育費の支払いに苦労するほど貧しい米国人夫婦のもとで育ちました。また日本でも、貧しい在日韓国人家庭出身の孫正義氏が情報技術の市場をリードしています。現代の世界最大の資産家はアマゾンの創業者ジェフ・ベゾスですが、彼はキューバ移民の父親に育てられ、一九九四年にアマゾンを設立するものの二〇〇二年には倒産寸前にまで追い込まれたことがあります。グーグルの設立は一九九八年で、株式公開は二〇〇四年にしたばかりです。フェイスブックも二〇〇四年にハーバード大学で始まり、このシステムが一般公開されたのは二〇〇六年に過ぎません。今、世界で圧倒的な存在感を持つ会社はみな、つい最近生まれているのです。このような出生の違いを超えた主役交代劇は、古代の固定的な身分制社会ではきわめて困難なことだったと思われます。

何よりも、より根本的な変化は、今から二千年あまり前に勃興したローマ帝国の支配下で起きています。そこでは、現代のユーロ圏よりもはるかに広範な地域で単一通貨が用いられ、古代版グローバル市場経済が実現していました。イエスのたとえにお金に関する話が圧倒的に多いのは、そのような時代背景があるからでしょう。イエスの福音は、グローバル市場経済の中でこそ生かされます。

なお、ハラリは、貨幣に関して「哲学者や思想家や預言者たちは何千年にもわたって、貨幣に汚名を着せ、お金のことを諸悪の根源と呼んできた。それは当たっているのかも知れないが、貨幣は人類の寛容性の極みでもある。貨幣は言語や国家の法律、文化の基準、宗教的信仰、社会習慣よりも心が広い。貨幣は人間が生み出した信頼制度のうち、ほぼどんな文化の間の溝をも埋め、宗教や性別、人種、年齢、性的指向に基づいて差別することのない唯一のものだ。貨幣のおかげで、見ず知らずで信頼し合っていない人どうしでも、効果的に協力できる」と記します。[44]

とにかく、貨幣には、身分制度の固定化を打ち壊す力があります。しかし、それは両刃の剣です。ですから、聖書においてのタラントやミナのたとえでは、貨幣を積極的に生かすことが勧められる一方で、別の箇所では、お金の奴隷になることが徹底的に戒められています。ただし、貨幣から始まった市場経済が、社会をより良くしてきたという面を、私たちは決して忘れてはなりません。

最近の英米での貧富の格差拡大の分析

最近の米国では貧富の格差の拡大が大きな政治問題化しています。それに関しては世界的なベストセラーになったトマ・ピケティの『21世紀の資本』において、興味深い分析がなされています。米国の貧富の格差は、レーガン政権による小さな政府志向と冷戦終結以降、急激に拡大しており、それは一九一〇年の第一次世界大戦以前の異常な水準にまで戻ってきているというのです。そしてそれは、一九七九年のサッチャー政権誕生以降の英国にも見られる現象です。この間、日本もドイツもフランスも、格差の微々たる拡大は見られますが、米国、英国、カナダ、オーストラリアなどのアングロ・サクソン系英語圏の格差拡大に比べたら変化が無いに等しい状態です。

なお、二つの大戦を通しての被害がヨーロッパや日本に比べてはるかに少なかった米国においても、一九二九年のニューヨーク株式市場の大暴落以降には所得格差の急速な縮小が見られます。たとえば上位一％の富裕層の国民総所得に占めるシェアは一九二九年には二〇％にまで達していたものが一九八〇年には八％にまで下がりました。

その最大の原因は、米国が富裕層を狙い撃ちにした高度な累進課税を採用したからです。一九四〇年から一九六〇年にかけて、米国の最高所得税率は九〇％に達していました。ところが、その流れが大きな変化を迎え、一九八〇年には七〇％に引き下げられ、レーガン政権末期の一九八八年には二八％にまで引き下げられました。また、相続税の最高税率は一九四〇年代から一九七〇年代の終わりまで八〇％近くに達していたものが、その後段階的に引き下げられ、二〇一三年には三五％にまでなりました[45]。

第二次世界大戦期以降の高額所得者層への懲罰的とも言える課税は、政府の財政支出による景気安定を主張した英国の経済学者ケインズの政策を米国と英国が大胆に採用したためです。しかし、それが民間主導の経済活力を失わせる結果になったという反省が、一九七〇年代後半から急速に生まれてきました。そして、それ以降、英米ともに、小さな政府を目指してきました。

なお英国では、一％の最高富裕層が稼ぎ出す国民総所得に占めるシェアは、第一次世界大戦前の一九一〇年は二二％あったものが、第二次世界大戦前の一九三九年には一七％に下がり、さらに大戦期の混乱と回復を経たサッチャー政権前の一九七九年には六％にまで下がっていました。当時は「英国病」と言われるほど経済が停滞していたものの、史上空前の平等社会が実現していました。

それが、サッチャー政権による小さな政府志向によって、格差は急拡大の方向に向かい、二十八年後の二〇〇七年のリーマンショック前には、一％の最高富裕層の所得シェアが一六％近くにまで達しました。この急速な格差拡大は社会不安を生みます。

なお米国でも、レーガン政権（一九八一―八九年）誕生前に八％まで下がっていたこの比率は、二〇〇七年には一八％まで戻りました。これは第一次世界大戦前と同じ水準です[46]。このように米国や英国において、三十年間以内に、史上最高の平等社会から、統計に表れる限り最悪の格差社会に戻ったことは、大きな社会不安の原因になり得ます。ピケティの本は、それを初めてデータに基づいて指摘したからこそ、米国でベストセラーになったと言えます。

貧富の格差拡大よりも経済的活力に注目する

なお、ピケティによれば、社会的差別を撤廃しようとした一七八九年のフランス革命が、その後の所得格差の拡大に対して無力であったのは、富裕層に対する所得税も相続税も現代から見ればほとんどゼロに等しく、税引き後の資本収益率が経済成長率を大きく上回るという状況が続いたからにほかなりません。当時の経済成長率は年率一・五％程度に達していたものの、土地などを含めた資本の収益率ははるかに高い五％程度で、それは歴史的にはごく普通のことでした。これを累積すると年率一・五％の収益率を保つ平均的な市民は三十年間で所得を五六％増やす一方で、五％の資本収益率を享受できる資産家は三十年間で資産を四・三二倍にも増やすことができます。つまり、私有財産が保護される平和時には、保有資産の違いこそが決定的な格差拡大の原因になるのです。[47]

なお、第二次世界大戦時の米国、英国は、高額所得者に対して驚くほど高率の税率を課すことが是認されていました。そして、戦後に日本やドイツを占領した際に、史上空前の財政赤字への対処のためにも、異常に高額の財産税を日独両国の資産家に課しました。その結果、戦後の日本とドイツには史上空前の平等社会が実現したとも言えましょう。そればかりか、経済成長率が七％から一〇％にまで達するような高度成長経済下では、資本収益率五％の資産家よりも、平均的な勤労者の所得の増加のほうがはるかに高くなり、労働意欲も刺激されることになりました。その結果、戦後の高度経済成長期には貧富の格差が縮まっていきましたが、これは歴史的には珍しい現象でした。

ただし、所得格差の分析ばかりに焦点を当てたピケティの視点によって見失われる現実がありますす。確かに、小さな政府を志向した最近の米国や英国で貧富の格差が拡大したという現実はあります。しかし、サッチャー政権によってイギリス経済は長い英国病と言われる低迷状態から脱出することができたということでは、大多数の見解が一致しています。事実、一九八四年には一一・七五％まで達していた失業率は、サッチャー政権末期の一九九〇年には七・一％まで低下し、一九九七年に政権を取った労働党さえサッチャー路線を大枠で堅持しました。そして二〇一九年の失業率は三・八％まで下がっています。

また米国のレーガン大統領が規制緩和で自由競争を刺激した政策の効果はその後十年間で明確に現れ、マイクロソフト、アップルやグーグルなどをはじめとするＩＴ新興企業が次々と誕生し、経済を牽引しています。たとえば日本の平均株価はアベノミクスによって上昇を続けてはいますが、いまだ一九八九年十二月の半値程度の水準です。しかも、政府債務残高はＧＤＰの二倍を超え、財政破綻の恐れが迫っています。その間、米国の平均株価は八倍近くに達し、なお成長を続けています。

確かに、高額所得者、高額遺産相続に対する税率をサッチャーもレーガンも大幅に引き下げました。ただし、その結果として、資産家の投資行動が活性化されて新興企業が次々に生まれ、日本やユーロ圏の低迷を横目に見ながら、米英両国はリーマンショックをも乗り越えて成長を続けています。この間は、少なくとも、控えめながらも経済成長が続く中で、所得格差が広がり続け、同時に失業率の低下が起きているのです。それは、「低成長の時代にこそ、格差が拡大する」と言っているピケティの分析に反した動きです。それは何よりも、富裕層に対する課税率を引き下げた効果と言えましょう。

一方、米国や英国に比べて格差が広がらないユーロ経済圏は高失業率に悩んでいます。同一通貨での比較優位に立つドイツが一人勝ちの一方で、南の国々は悲惨な状況です。二〇一三年のドイツの失業率は五・三%だった一方で、フランスは一一・〇%、イタリアは一二・〇%、スペインは二六・三%、ギリシャは二七%に達していました。二〇一九年には大幅な改善が見られましたが、それでもドイツの三・一%に対し、フランス八・四%、イタリア九・九%、スペイン一四・二%、ギリシャ一七%という状況です[48]。

貧富の格差拡大による米国の社会不安をピケティは指摘していますが、ヨーロッパ大陸諸国では失業率の高止まりによる社会不安、日本は財政破綻の危機に悩んでいます。残念ながら、ピケティの分析は、経済の活力という点には目が向けられていないように思われます。

市場経済が固定的な身分制度を崩してきた

しばしば、貨幣をもとにした市場経済が貧富の格差を激しくしていると非難されますが、歴史的に見ると、貨幣や市場経済の機能こそが、身分制度の固定化を崩してきたという現実があります。そして、歴史的には宗教こそが身分制を固定化する方向に寄与してきました。それはインドでのヒンズー教ばかりか、朝鮮半島での宗教の作用も過酷でした。最近韓国でベスト・セラーになった『反日種族主義』という著書において李栄薫教授は次のような趣旨のことを記しています。

朝鮮半島において民族という意識が生まれるのは二十世紀になってのことで、伝統的に同じ祖先から続く子孫という家系が決定的な意味を持っていました。そこでは両班《ヤンパン》、中人、庶民、賤民という身分制度が固定化し、「この世の両班はあの世の両班であり、この世の下男はあの世の下男である」ということわざがあるほどでした。そこでは死者の霊は不滅であるというシャーマニズム的信仰と儒教の思想が相互に作用し合い、親族集団が無限に拡大し、生きている人間は、今ここで生きて働く先祖の霊に支配されて生きていきます。そこに「自由人の共同体としての民族」という概念は生まれません。その結果が「種族主義の世界は外部に対して閉鎖的であり、隣人に対して敵対的」という構造になります。そして、その現れが、「韓国の民族主義は本質的に反日種族主義です」と呼ばれる形になります。そしてこれらの結論として、「韓国の経済が自由市場経済に進出して行くためには……この歴史と共に歩んできた反日種族主義から脱却する必要があります」とまとめられます。[49]

なお賤民とも奴婢とも呼ばれる奴隷階級は安い値で売り買いされる人格権を認められない人々でしたが、それは伝統的に民族の三割から四割を占めていました。私の友人の韓国人牧師が「日本は韓国の奴隷解放者なのだ」と驚くべきことを言っていましたが、その意味は、「朝鮮半島では一八九四年の甲午改革で法的に『奴隷制度』が撤廃されたが、実質的に奴隷制度が廃止されたのは日韓併合の時代である。一九一〇年に朝鮮総督府が奴隷の身分を明記していた旧戸籍を廃止し、すべての国民に姓を定めた新戸籍制度を導入した」とのことのようです。[50]

日本の朝鮮半島支配を決して正当化するつもりはありませんが、日本が明治維新において世界の自由市場経済に国を開いたことの影響は、朝鮮半島の身分制度を壊すことにも及んでいたという面は否定できません。

ただし、皮肉なことに、歴史的には、西洋のキリスト教会が奴隷制や民族による階級制を正当化することに寄与してきた面も否定できません。しかし、市場経済と聖書の価値観が相互に作用しあった結果として、現代の、すべての人に同じ教育の機会、すべての人にその能力の発揮の機会を同じように与えようという価値観が生まれています。

今も確かに、職場によっては、昔からの身分制の名残のような価値観があるかもしれません。しかし、それを本来、あってはならないことと思える社会的常識があること自体が、神の恵みの現れであると私たちはまず感謝する必要がありましょう。そして、不満よりも感謝の気持ちから、健全な協力関係が生まれます。

私は個々人の自由な経済活動が尊重され生かされる市場経済のシステムと、「人はすべて神のかたちに創造されている」という聖書的な価値観は、相互に影響し合いながら、この社会を動かしてきているということを信じています。信仰者は、この世の経済活動に積極的に関わることを大切に考えるべきでしょう。

それにしても、今回のコロナ危機は健全な変化の機会も生み出しています。身近なところでは最近のＩＴ革命について行けないと嘆いていた何人ものご高齢の方が、若い人の助けを得て当教会でのＺＯＯＭ祈禱会に参加するようになり、新たな交わりが生まれています。またヨーロッパでは、ドイツのメルケル首相の強いリーダーシップによってＥＵ復興基金の合意が成立し、大きな経済的損失を被ったイタリアを、借金を極度に嫌うドイツが援助するような仕組みが始まっています。身近な協力関係と健全な政治力は、弱肉強食と言われる市場経済の弱点をカバーして、未曽有の経済危機への対応を可能にしています。そこに希望が見られます。

第三部　聖書の提言

ある牧師の友人が私に、「高橋先生、聖書の視点から、現代の資本主義を見直す必要があるという趣旨の本を書いてくれませんか……」と書いてきてくださいました。その背後には現代の貧富の格差の拡大の問題があります。国際NGO「オックスファム」は二〇一七年度の統計から、世界で一年間に生み出された富（保有資産の増加分）のうち八二％を、世界で最も豊かな上位一％が独占し、経済的に恵まれない下から半分（三十七億人）は財産が増えなかったとする報告書を発表しました[51]。

多くの人々はこのような記事を見ると、これこそ資本主義経済のゆがみであると批判したくなります。しかし、古代エジプトのピラミッドの発掘調査をすると当時のファラオがどれほどの富を独占していたかが推測できます。また聖書に描かれたソロモンの栄華の記事を見ると、彼がイスラエルの富のほとんどを独占していたということが推測できます。ですから、貧富の格差の激しさは、人類の歴史とともに大きな課題でした。

古代は、その格差が明確な階級制度の中で正当化される一方で、現在の市場経済では驚くほどのスピードで主役交代が起きます。私はそのような変化の激しさ自体こそ資本主義の魅力であると認識していますが、格差問題の解決は同時に、政治に課せられた最大のテーマの一つだと認識しています。そして、三千数百年前に記された聖書には、驚くべき方法が提示されています。ただ、それを文字どおり実行するには独裁権力が必要になりますから、そのほうが大きな問題を引き起こすと言えましょう。

私たちは、そのような記事の背後に隠されている神の愛を思い起こしながら、矛盾に満ちた社会で、どのように行動すべきかの知恵を受け止めたいと思います。

なお、二〇二〇年のコロナ不況で、それぞれが所属する職場の安定性によって、驚くべき所得格差が生まれています。多くの日本人は自分のアイデンティティーをどのような職場に属しているかで表現する傾向があります。それに対して私たち信仰者は、「人を再び恐怖に陥れる、奴隷の霊を受けたのではなく、子とする御霊（Spirit of Sonship）を受けたのです。この御霊によって、私たちは『アバ、父』と叫びます」（ローマ８・15、カッコ内筆者）と告白できるところに自分のアイデンティティーをいつも見出す必要があります。置かれた職場の繁栄のために最善を尽くすのは当然ですが、それとは別に、この社会が少しでも社会的弱者に優しくなるため、また地球環境が守られ続けるために、私たちは建徳的な世論の形成に貢献できるよう、日々励むべきでしょう。職場を超えた社会に発言できる交わりを形成できるように、信仰者は積極的に動く必要があるのではないでしょうか。

第14章　安息の年とヨベルの年、格差問題への示唆

貧富の格差を是正するシステムに関しては、聖書が画期的な知恵を与えています。まず七年ごとの負債の免除とその意味に関して申命記15章1―6節では次のように記されています（傍点筆者）。

「あなたは七年の終わりごとに、負債の免除をしなければならない。その免除の仕方は次のとおりである。貸し主はみな、その隣人に貸したものを免除する。その隣人や同胞から取り立ててはならない。主（ヤハウェ）が負債の免除を布告されたからである。異国人からは取り立ててもよいが、あなたの同胞があなたに借りているものは免除しなければならない。

もっとも、あなたの神、主（ヤハウェ）が相続地としてあなたに与えて所有させようとしておられる地で、主（ヤハウェ）が必ずあなたを祝福されるので、あなたのうちには貧しい人がいなくなるであろう。

ただしそれは、もしあなたが、あなたの神、主（ヤハウェ）の御声に確かに聞き従い、私が今日あなたに命じるこのすべての命令を守り行ったなら、である。あなたの神、主（ヤハウェ）はあなたに約束したようにあなたを祝福されるから、あなたは多くの国々に貸すが、あなたが借りることはない。また、あなたは多くの国々を支配するが、彼らがあなたを支配することはない」

ここには驚くべき知恵が記されています。それはまず財産の私的所有権が保障されているということです。その上で、七年間の間は、純粋な経済活動としての貸し借り関係を明確にしながら、それが長期的な支配、被支配の関係にならないという知恵です。日常の貸し借り関係で七年たっても返すことができない借金は、返済の可能性は格段に低くなります。それでもその貸し借り関係が続くと、そこに貸主が負債者を服従させるという関係が生まれます。

多くの教会の交わりの中で、お金の貸し借りをしないように勧められるのは、それによって人間関係にゆがみが生じるからです。しかし、本当に短期的な資金繰りに困っているときに、貸してくれる人がいると本当に助かります。ですから、そこに七年後には貸し借り関係を無くするということが、創造主ご自身の命令として与えられていることは、対等な関係を維持するためには決定的な意味を持ちます。

兄弟愛――負い目を赦し合う関係

後に使徒パウロは、逃亡奴隷のオネシモをその主人ピレモンに送り返すにあたり、「彼があなたに何か損害を与えたか、負債を負っているなら、その請求は私にしてください」（ピレモン18節）と書くことによって、言外に、借金の免除を依頼しています。借金を負ったままの人は、精神的に卑屈になってしまうことがあるからです。

イエスが教えてくださった「主の祈り」においては、厳密には、他の人の「罪」を赦すことではなく、「私たちも、私たちに負い目のある人たちを赦します」と、借金の免除を「告白する」ようにと教えられています。つまり、同じ信仰者どうしが危急のときに助け合いながら、上下関係を生まないための知恵でもあるのです。

なお、「あなたは多くの国々に貸すが……」という現実は、ユダヤ人の歴史の中で確認することもできます。歴史の中で、ユダヤの金融力は、多くの国々に驚くほどの力を発揮してきましたが、その背後には、彼らは同胞の貧しいユダヤ人を助けることにおいては、驚くほど寛大であったということもあります。ユダヤ人の資産家は、同胞のユダヤ人を援助し続けることをしなければ、神の祝福を受けることができないということを深く自覚していました。それがたとえば、ナチスドイツによってユダヤ人絶滅作戦が行われた直後に、ユダヤ人国家が成立するという奇跡に現されています。

私たちもこの知恵を教会の交わりの中にうまく生かすことができないか、考えてもよいかもしれません。イエスは弟子たちに「新しい戒め」として、「わたしがあなたがたを愛したように、あなたがたも互いに愛し合いなさい。互いの間に愛があるなら、それによって、あなたがたがわたしの弟子であることを、すべての人が認めるようになります」（ヨハネ13・34、35、傍点筆者）と言われました。ここでの「互いの間の愛」とは、明らかに、目に見える信仰者の交わりのことです。具体的に同じ礼拝を守っている兄弟姉妹のことです。そこに互いの間の愛が見られるなら、それこそがイエスの愛を周りに証しする最大の力になると記されているのです。

しばしば地上の教会は、互いの関係を対等に保つために、教会では仕事やお金の話をしないというクールな関係に徹するか、また反対に、初代教会に見られた、「信者となった人々はみな一つになって、一切の物を共有し、財産や所有物を売っては、それぞれの必要に応じて、皆に分配していた」（使徒2・44、45）ということの間で揺れることが多いように思います。

互いの関係が冷たくなり過ぎもせず、また密接になり過ぎて息苦しくもならないというのが、互いの財産権を尊重しながら、七年ごとに、貸し借り関係を無くするという知恵かもしれません。転勤等で日本の多くの教会を見てこられた方が、私たちの教会にしばらく集いながら、「この教会ではみな互いの仕事のことをオープンに話し合っているのですね」と驚いておられました。多くの教会では、社会的立場の優劣が教会の交わりに入り込まないようにという配慮から、仕事のことをあまり話さないのかもしれません。しかし、それが行き過ぎると、教会の中で、自分にとって一番切実な仕事の悩みを共有できなくなるということになりかねません。別に私たちの教会では、お金の貸し借りの七年借財免除のルールなど立てているわけではありませんが、クールになり過ぎもせず、また密接になり過ぎもせずという交わりがそれなりに築かれているようにも思い、主に感謝しています。

サバティカル（Sabbatical）

なお、この七年ごとの借財免除の命令は、レビ記25章2－7節では七年ごとの安息年という教えとして現されています。そこでは「七年目は地の全き休みのための安息、主（ヤハウェ）の安息となる。あなたの畑に種を蒔いたり、ぶどう畑の刈り込みをしたりしてはならない」と記されています。

これが欧米の大学教授や聖職者の間では、サバティカルとして適用されています。それは半年間から一年程度、職場を離れて、休暇を過ごしたり、ふだんできなかった研究に時間を費やすことができるための制度です。聖書では土地を休ませることによって、その土地の生産性を長期的に保つことができるという趣旨があったと思われます。

同じように、社会の中で指導的な立場や、教える立場にある人は、充電や独自研究の機会が与えられることによって、柔軟な発想で、組織を活性化し、また新たな発想をいつも保ちながら、人々を教えることができるということがあります。

日本の大学などでも、七年ごととまではいかなくても、十年に半年程度の研究休暇が保障されるようになっています。日本の教会においても七年から十年ごとに、数か月の休暇を牧師に与えようという動きも徐々に始まっており、福音自由教会協議会でも教会ごとに、もっと短期でもそのような機会を持つようにと奨励されており、そのための微々たる金額ながらも援助システムが生まれています。特に教える立場にある人には、このような機会がきわめて大切です。

特に教会などでは、数十年間にわたって同じ牧師の説教を聞くことが多々ありますから、「また、あの話か。……もう聞き飽きてしまった……」ということになりかねません。多くの牧師は、「たとえ私たちの外なる人は衰えても、内なる人は日々新たにされています」（Ⅱコリント4・16）ということを信者の方への慰めとして語っています。しかし、それが真実であることを礼拝メッセージを通して体験していただくためには、牧師も定期的に「内なる人」が根本的にリフレッシュされる必要がありましょう。そしてその様子を信徒の方々も見られることによって、聖書的な休息の意味がより身近に感じられることでしょう。

ヨベルの年、解放の宣言

さらにレビ記25章9節以降では安息の年を七回重ねた四十九年目の「第七の月の十日に角笛を鳴り響かせ」、五十年目をヨベルの年とし、「国中のすべての住民に解放を宣言する」ことが命じられていました。ヨベルの年には、すべての住民に対して、あらゆる借財、隷属からの解放が宣言され、それぞれが先祖の所有地に戻り、所得の格差を実質的にゼロにすることが命じられました。

ただこれは、残念ながら、王制に移行したイスラエルでは一度も実行されることはありませんでした。預言者イザヤは、異常なほどの貧富の格差が生まれていたイスラエル王国末期に、国の滅亡を警告しました。その際、豊かな人々が主に向かって自分たちの断食の姿勢をアピールしていることに対して、主はこう言われました。「わたしの好む断食とはこれではないか。……飢えた者にあなたのパンを分け与え、家のない貧しい人々を家に入れ、裸の人を見てこれに着せ、あなたの肉親を顧みることではないか」（58・6―7）

レビ記26章34、35節ではイスラエル王国が滅ぼされ、民がこの地から外国に捕らえ移される理由が「あなたがたが敵の国にいる間、その地は休む。そのとき地はその安息を享受する。地は、荒れ果てている間、休むことができる。それはあなたがたがそこに住んでいたとき、あなたがたの安息のときには（「安息年では」）得られなかったものである」と記されています（傍点、カッコ内筆者）。

つまり、バビロン捕囚は土地を七年に一年間、安息年には二年間、休ませなかったつけを払うという意味があったというのです。それほどに土地を休ませることは大切な命令でした。同じことを私たちの労働に適用するなら、神の命令に従って休まないことの結果として、神があなたを病気にさせることによって強制的に休ませるということなどにつながります。

とにかくヨベルの年には、皆がヨシュアの時代の土地の分配に戻るということですから、所得格差が消えることを意味します。私たちはこの市場経済の中で、所得の格差を当然のこととして居直っているかもしれませんが、神は時に強制的に所得の格差をなくされることがあります。

ヨベルの年の原則は、不思議にも、第二次世界大戦後の米国占領下の日本に生かされました。そこでは、占領軍の命令のもとに、資産家の財産没収に近い財産課税、財閥解体、不在地主の除去、農地解放などによって、急激な平等化が驚くほど短期間に徹底的に行われました。私の父も小さいながらも地主になることができました。しかし、身近に、戦後の財産課税によって広大な土地を失った方もおられますから、そう簡単に当時の過激な政策を喜ぶことはできません。

ただ、戦前と戦後で何より大きく変わったことがあります。私が戦前に生きていたら、奨学金で大学教育を受けることも、国費で米国に留学することも、そこで信仰に導かれることもありませんでした。それが、戦後の体制のおかげで、資産家の子弟と同じ教育を受ける機会を得ることができました。それは、フランスの人権宣言の精神が日本国憲法に生かされた結果とも言えましょう。

機会均等を実現するという意味

現在の政治体制では、ヨベルの年の平等化は、独裁政権でも生まれない限り実行することはできませんし、独裁政権には権力の腐敗のおそれがあります。しかし、ヨベルの年の原則を、いろんな形で生かすことは可能ではないでしょうか。それは、五十年たったら、どのような家庭に生まれても、みなが同じスタートラインに立てるという原則です。私有財産の保障をすることは、思想信条の自由や職業選択をはじめとする経済活動の自由とは切り離せない関係にあります。ただ、そのような自由は、必ず貧富の格差を生み出します。それは五十年もたてば天と地の差になって現れます。

そこでは、親の貧富の格差が、必然的に子供の教育に決定的な影響を与えます。しかし、それが五十年後の孫やひ孫の世代にまでも影響を及ぼさないための工夫は可能ではないでしょうか。たとえば、教育の選択の自由を保障しつつ、大学教育を終えられるまでの奨学金を保障するとか、生活困窮者を保護することと並行して職業訓練の機会を提供するという制度を作ることなどです。とにかく、それぞれの経済活動の自由を保障しながら、同時に、五十年後の世代に、親の負の遺産の代わりに平等な成長の機会を保障する様々な知恵が求められます。そして、そのための財源という以前に、格差の過度な拡大を是正するための手段として、資産家の自由な投資行動にブレーキをかけない程度の資産課税や相続課税などを国際協調のもとに考える必要があります。

ピケティを通して、戦争による資産破壊や政府による経済活動への介入がない限り、持てる者と持たざる者との格差拡大が避けられないことが明らかになりました。戦後の例外的な高度経済成長期は別として、社会が比較的に安定している状況下では、資本の収益率が経済成長率を大きく上回るからです。またこれは、資本主義の矛盾である前に、古代から続くジレンマでもあります。それは、私たちの様々な自由を保障する私有財産制の持つ負の側面でもあります。しかし聖書は、すべての土地も財産も、「神から管理を一時的に任されているものに過ぎない」と強調しながら、同時に、私有財産が子々孫々に受け継がれることを当然のこととは認めていません。

しばしば多くの宗教は、先祖伝来の経済格差から生まれる身分制を固定化させる方向に働いてきました。しかし聖書は、あくまでも一人ひとりの人格の尊重と神の前における平等を説き続けています。個人の経済活動の自由を徹底的に尊重しながら、そこから生まれる格差に対処し、すべての人に平等なチャレンジの機会を保障することは、人間の歴史とともに永遠の課題でもあります。

ただし、この貧富の格差の是正は、何よりも政治の責任であり、私たちが職場を改善することで解決できる問題ではありません。私たちは置かれた職場で最善を目指しながら結果的に格差を拡大しているかもしれませんが、それを是正することは経済活動でなされるべきことではありません。私たちは幸い民主主義社会に生きることが許されています。ですから、貧富の格差是正を地球温暖化の問題などとともに、政治の大きな責任と定義し、世論や代議士に訴えて健全な政策の立案を促し、同時に投票行動を通して政治を変えていく努力をすべきでしょう。

日本的なイエ制度が生む格差

なお、野村総合研究所元主席研究員の高橋琢磨氏は、『21世紀の格差――こうすれば、日本は蘇る』において、日本型企業システムが現在の正規、非正規雇用の大きな格差の原因になっていると指摘しています。日本の高度成長時代を支えたのは、拡大した「イエ」としての企業でしたが、その特殊な時代が過ぎ去っても、「イエ」の成員を絞り込み、非正規社員を「イエ」から追放することで、建前としての「イエ」を維持することを続けてきたと分析しています。[52]

厚生労働省の賃金構造基本統計調査によれば、二〇一二年時点の「非正規雇用」は労働者全体の三八・二%を占め、五十代前半の正社員の場合は、時給換算では二、四二一円の報酬であるのに対して、同年代の非正規雇用は一、三二〇円になっています。彼らは、いわば「イエ」から追放された人々であるというのです。

しかも、拡大した「イエ」としての企業は、「終身雇用制度が事実上消滅しているにもかかわらず、依然として年功序列型の賃金体系を維持し、若者に対して『賃金は後ほど払いますよ』という空手形を切って、半ば詐欺行為をしている」と記されています。[53]そして、この賃金体系が非正規雇用の若者の異常に低い時給をも生み出し、「結婚できない若者」を生み出し、少子高齢化を加速させていると分析しています。そして、その解決のためには、「年功序列型賃金＝メンバー型労働市場」から「仕事に見合った賃金＝ジョブ型労働市場」の組み替えに早急に取り組まなければならないと提言しています。[54]つまり、「同一労働、同一賃金」の原則を貫徹しつつ、労働市場の流動化を図る必要があるというのです。

日本型のムラ社会では、どうしても、企業が拡大された「イエ」となりがちで、その「イエ」を守るために、正規社員は残業代を返上して長時間労働を我慢します。一方、非正規の社員は、将来の見通しが立てられないまま結婚することもできないという構造が生まれます。それは欧米には見られない問題です。残念ながら、日本の企業内労働組合がその傾向を助長しています。

そして、労働組合に支持されている諸政党も、このシステムを守る方向に動きがちです。労働市場の流動化は、今までの雇用システムに慣れた人にとっては、いつ解雇されるか分からないという不安の原因にもなります。しかし、もともと終身雇用などは立ち行かない現実があるのですから、より欧米型の労働市場にしていくというのは経済的な必然とも言えましょう。

そして、キリスト者はそのような中で、拡大された「イエ」としての企業を守るということよりも、すべての人の創造主であられる神の前に、与えられた働きを誠実に全うするということが求められます。私たちは、拡大した「イエ」に守ってもらうという発想から自由にならない限り、日本の格差問題の解決策を生み出すことはできません。

第15章　政治と信仰、経済活動

ルカの福音書20章20節以降には、当時の宗教指導者たちが、ローマ帝国への納税の是非を巡って、イエスを罠にかけ、ローマ総督に訴える口実を見付け出そうとした様子が記されています。ほぼ同じ記事がマタイ22章、マルコ12章にもあるように、これは当時のユダヤ人居住区では国論を二分する大きな課題でした。イエスにとっても、当時の宗教指導者にとっても、「主（ヤハウェ）は王である」（詩篇96・10）という告白こそが信仰の核心でした。ところが、当時の世界では、「ローマ皇帝（カエサル）こそが王である」と告白する必要があり、その象徴が税金を納めることでした。

イエスを「ダビデの子にホサナ」と叫んで迎えたエルサレムの群衆も、この支配から解放されることを切望していました。そのような中で宗教指導者が遣わした「義人を装った回し者（スパイ）」たちは、「先生。私たちは、あなたがお話しになること、お教えになることが正しく、またあなたが人を分け隔てせず、真理に基づいて神の道を教えておられることを知っています」（同21節）と言います。これは、イエスを持ち上げることで不用意な発言を引き出そうとする罠でした。

彼らはイエスに、「私たちがカエサルに税金を納めることは、律法にかなっているでしょうか、いないでしょうか」（22節）と尋ねましたが、これは、どちらに答えてもイエスが窮地に追いやられる質問でした。もしイエスが、「税金を納めることは、律法にかなっている」と答えるなら、宗教指導者たちはイエスをローマ帝国の支配にへつらう偽りの指導者として群衆に紹介できます。しかし、「律法にかなっていない」といえば、イエスをローマ帝国への反乱を扇動する革命家としてローマ総督に訴えることができます。

ところが、「イエスは彼らの悪巧みを見抜いて」、「デナリ銀貨をわたしに見せなさい。だれの肖像と銘がありますか」と、逆に彼らに質問しました（23、24節）。このとき彼らは、自分たちが嫌悪するものを持ち歩き、それに頼っていることを認めざるを得なくなりました。そこには、「神の子ティベリウス」などという皇帝の名とその肖像が刻まれていました。それは偶像のようなものでしたが、同時に必需品でもありました。神殿に献げるときだけは、両替人を通して銀貨を両替しましたが、それで商業取引はできません。しかも、彼らの多くは、ローマの軍隊が守る通商路の恩恵を受けていました。この銀貨は、生活を保障するシンボルのように見えました。

彼らはそれを持っていることを恥じらいながら、しぶしぶ、「カエサルのです」と答えました。それに対しイエスは、「税金を納める」という表現を避けながら、「では、カエサルのものはカエサルに、神のものは神に返しなさい」と言われました（24、25節）。

政治と宗教の分離ではなく

「カエサルのものはカエサルに」（25節）とは、税金を納めることを正当化するというより、銀貨はカエサルの国の領域における便宜的な道具に過ぎないという意味が込められています。しかも、彼らはそれに依存して生きているのですから、税金を拒む権利はないとも言えましょう。

しかも同時に、イエスは、「神のものは神に返しなさい」と言うことで、彼らの心のあり方を問い直しました。それはこの国の真の支配者はカエサルである前に、イスラエルの神ヤハウェであることを告白するようにという勧めです。彼らは口先では神をあがめていましたが、心の中では自分を神のようにして、自分の都合を優先して生きていました。

そこで、「彼らは、民の前でイエスのことばじりをとらえることができず、答えに驚嘆して黙ってしまった」（26節）と記されますが、イエスはしばしば、「あれかこれか」の選択を迫る質問に、まったく別の角度からの答えを示されます。今も、様々な生きづらさを抱えた方は、多くの場合、「白か黒か」という二者択一の考え方の中で、にっちもさっちもいかなくなっています。しかしそれこそサタンの罠ではないでしょうか。どちらの選択にも問題が見えるときは、一呼吸おいて神の前に静まり、別の角度から問題を見るという知恵が大切です。

なお、私が心から尊敬する英国の神学者N・T・ライトは、さらに進んで、これは何よりも、政治と宗教の分離の教えなどではなく、口ではコインを偶像として非難しながら、それを平気で持ち歩いているユダヤ人の宗教指導者の偽善に対する厳しい攻撃であると解説します。イエスが、「神のものは神に返しなさい」と言われたとき、当時の人々は容易に、詩篇96篇7－10節を思い浮かべたことでしょう。そこには次のように記されています（私訳）。

「主（ヤハウェ）に帰せよ、国々の諸族よ。
主（ヤハウェ）に帰せよ、栄光と力を。
主（ヤハウェ）に帰せよ、御名の栄光を。
ささげ物を携え、主の大庭に入れ。
主（ヤハウェ）にひれ伏せ、聖なる威光の前に。
御前でおののけ、地のすべてのものよ。
国々の中で語れ、『主（ヤハウェ）は王である』と」

当時の宗教指導者こそが、政治と信仰の使い分けをして生き延びていたのです。それに対し、イエスは「悪い者に手向かってはいけません。あなたの右の頰を打つ者には左の頰も向けなさい」（マタイ5・39）という真の「神の国」の生き方で対応するようにと勧められました。それはローマ帝国への妥協か、軍事革命かという二者択一の議論に対抗する、より厳しい、しかも現実的な対応でした。

私たちにとっての王は、カエサルではなくて主ご自身です。ですから支配者から偶像礼拝を強要されるようなとき、自分の身を犠牲にする覚悟でそれに抵抗する必要があります。しかし、その命令が聖書の教えに明確に反していなければ意地を張って抵抗する必要はありません。私たちはどのようなときにいのちを懸けて抵抗すべきかにおいて一貫性を保つべきです。

イエスは自分への攻撃を避ける第三の答えを賢く口にしたのではなく、銀貨を偶像と非難しながら、日々の生活ではそれを平気で持ち歩いているその偽善を非難したのです。その後のイエスの十字架に見られるように、イエスはご自身のいのちを懸けて、「主（ヤハウェ）は王である」と告白しています。[55]

当時のユダヤ人にとって、「あなたの右の頰を打つ者には左の頰も向けなさい」というイエスのことばこそが、非現実的に見えたことでしょう。しかし、その後の歴史に明らかなように、ローマ帝国との妥協を説くユダヤ人宗教指導者たちは同胞の過激派から権力を奪われ、過激派が国全体をローマ帝国からの独立運動へと動かし、ローマ皇帝の介入を招き、国は滅亡しました。しかし、イエスに従う人々は、無抵抗の抵抗で権力者への服従を拒み続け、ついにはローマ皇帝自身がイエスの前にひざまずく結果となります。どちらが現実的な対応であったかは、歴史が証明しているのです。

なお、政治は政治の論理がありますから、独立派でも現状容認派でもない、第三の道を求めることも大切な場合が多くあります。私たちも徹底的に互いを非難し合うような政治対立に巻き込まれることなく、しかも、無関心になることなく、和解を生み出す視点を求めるべきでしょう。

神の支配を認めた柔軟な対応と真実な生き方

当時のユダヤ人たちの多くは、ローマ皇帝の支配から独立さえできればみんな幸せになれると思い込んでいました。彼らは、紀元前一六四年にユダ・マカベオスのもとでアレクサンドロス大王の後継国セレウコス朝シリアとの戦いに勝った英雄物語をいつも聞いていました。しかし実際は、紀元前一四二年にハスモン朝という独立国家を形成できたのも束の間、たった八十年の後に、内部の権力争いで自滅したのです。当時の政治状況では、ローマ帝国を否定してしまっては、かえって社会全体が不安定になり、より大きな悪が生まれる可能性がありました。ですからパウロも、横暴なローマ皇帝ネロの支配下にありながら、「人はみな、上に立つ権威に従うべきです。……彼は無意味に剣を帯びてはいないからです」（ローマ13・1、4）と、剣による支配にさえ理解を示しています。

イエスの教えは、現在の経済制度にも適用することができます。たとえば、市場経済は、必ず勝者と敗者が生まれる弱肉強食の世界です。過当競争のために、生産すればするほど赤字になるようなこともあります。しかし、自由競争を否定したら、少し前の中国や現在の北朝鮮のように、権力者が資源の配分から消費までを支配せざるを得なくなります。それは権力者の横暴と賄賂を生み出すシステムにほかなりません。

ですから、すべての物に自由な市場システムによって値がつけられるというのは、今考えられる最も効率的な方法です。ただそこでは、お金がすべてのバロメーターとして正当化されます。儲かることが正義になり、お金は偶像になってしまいます。単に資源配分の効率化のための手段に過ぎなかったお金にたましいを売るような人も現れます。

日本では、保守派ばかりか革新派の人々にも、社会的弱者保護の名のもとに、資源の配分を市場経済に任せるかわりに、政治家と官僚の手に委ねようとする論調があります。しかし、本来、拝金主義にブレーキをかけるのは政治家の役割以前に、宗教指導者の責任でした。日本でも、それなりの職業倫理が社会的に確立していたと言われますが、それが通用しなくなっているように思えるのが心配です。一方、アメリカの教会では、お金の管理に関する講座を開き、多くの人々がそこで立ち直っています。

そのような中で、日本的な組織の問題を説いた『失敗の本質』には次のように記されています。

「日本軍が特定のパラダイムに固執し、環境変化への適応能力を失った点は、『革新的』と言われる一部政党や報道機関にもそのまま継承されているようである。すべての事象を特定の信奉するパラダイムのみで一元的に解釈し、そのパラダイムで説明できない現象をすべて捨象する頑なさは、まさに適応し過ぎて特殊化した日本軍を見ているようである」56

一つのパラダイム（現在の時代・分野において絶対的な規範とされている考え方）に固執するのはパリサイ人の問題でしたが、それは日本人の心の中にも強烈に存在する頑なさです。そして八十年代まで躍進し、九十年代に消えかけた「革新的」な政党と同じ体質を持っている教会もあるかもしれません。イエスのうちに見られる神学的な一貫性と驚くべき柔軟な対応の両方を、私たちは聖霊の導きによって得られるように求めたいものです。

聖書には驚くほど多くのお金の話が出てきます。それはお金の大切さを認めるとともに、その限界と危険を教えるためです。この世界を支配しているのは、市場経済のシステムである前に、聖書の神です。あなたの心の中で、神との交わりが常に第一とされ、神が神としてあがめられているでしょうか。イエスは、お金を「カエサルのもの」と呼びました。私たちにとってのお金は、「日本政府のもの」です。それは、社会のシステムを機能させるための道具に過ぎません。しかし、それ無しには社会生活を営めません。道具の良し悪しを論じる以前に、使いこなす知恵が大切です。

それに対し、「神のもの」とは、たとえば「この世のことではなく、霊的なこと」とか、「収入の十分の一を主に聖別する」とかの原則論以前に、あなたの心と知恵と身体と財産を含む「全存在」を指します。あなたはそれを「神のもの」として全身全霊で認めているでしょうか。ローマ皇帝がこの三百年後に「イエスこそ主です」と告白するようになったのと同じように、あなたに権威をふるう人もイエスの王権を認めざるを得なくなることを覚えるべきです。

市場経済のもとでの信仰者の使命

経済学の父と呼ばれるアダム・スミスは市場経済の中に、神の見えない手が働いていることを、一七七六年発行の『国富論』の中で説いていますが、この年はアメリカ合衆国建国の年でもあります。これは偶然ではありません。英国人であるスミスは、英国政府に対し、米国を独立させるほうが英国の利益になると必死に説いていたからです。政治権力によって経済活動をゆがめるのではなく、市場の自由な取引に任せたほうが、社会全体の益になるということを次のように説きました。

「人が勤労を支えるのに資本を使用するのは、ただ利潤のためである。……どの個人も……一般に公共の利益を推進しようと意図もしていない。……ただ彼自身の安全だけを意図しているのであり……彼自身の儲けだけを意図しているのである。そして彼はこのばあいにも、他の多くのばあいと同様に、見えない手に導かれて、彼の意図のなかにまったくなかったことを推進するようになるのである。……彼はしばしば、実際に社会の利益を推進しようとするばあいよりも効率的に、それを推進する。公共の利益のために仕事をするなどと気どっている人びとによって、あまり大きな利益が実現された例を私はまったく知らない[57]」（大著『国富論』におけるもっとも有名な箇所、傍点筆者）

なお、アダム・スミスはその生涯において、『国富論』にまさるとも劣らない大著を記しています。それは『道徳感情論』です。米国のラス・ロバーツという経済学者は次のように記しています。

「アダム・スミスは元祖・資本主義の一人であって、国が富み栄える理由を論じた最も有名でおそらくは最もすぐれた本を書いた学者であるにもかかわらず、『道徳感情論』では誰よりも熱心に、幸福になろうとして富を追求することのむなしさを雄弁に語っている。……ホイットニー・ヒューストンやマリリン・モンローがなぜあんなにふしあわせだったのか、二人の死をあれほど多くの人が悲しんだのはなぜかといったことも、スミス先生のおかげで理解できるようになった。……

なぜ人は道徳的に非難されるような行動をとらないように気をつけるのか――この問題に頭を悩ませていたスミス先生は、中立的な観察者という概念を思いついた。客観的な観察者が胸の内にいて、行動を常時判断していると考えたのである。……そして真に高潔で誠実な尊敬すべき人間になることによって正当に他人の評価を勝ち得たとき、人は幸福になる。……

スミス先生は、商業活動を美化することに全く関心はなかった。それどころか『道徳感情論』の中では、富の追求の現実を暴き出したと言うべきだろう。たとえば野心を抱いた人は『生涯を通じてけっして到達することのない想像上の優雅な安寧を追い求め、いつも手の届くところにあった本物の安らぎを犠牲にしてしまう』（第四部第一章）と先生は語る。物質的富の追求が精神を損ねると考えた先生はまちがいなく正しい[58]」

市場経済の中で各人が自分の個人的な利益を追求することによって、資源の最適な分配が図られると説いた人が、同時に、人間のしあわせは、何よりも身近な人との信頼関係、愛の交わりから生まれると説いているのです。まさに、ここにキリスト者とか教会の使命があります。アダム・スミスはもともとグラスゴー大学倫理学教授でした。これはキリスト教神学の一分野です。その彼が、一七五九年に『道徳感情論』の初版を記し、一七七六年に『国富論』を出版します。つまり、経済学はキリスト教神学の一分野として始まったのです。

私たちは消費者として何に価値を見出し、何を購入するかを決断することによって市場を方向付けることができます。それは選挙よりも公平に結果を現すことができることです。たとえば地球温暖化の問題に取り組むことを大切に考えているなら、それを消費行動に現すことができます。まもなく電力をどこから購入するかについての自由が生まれることも期待できます。

そしてこの社会の道徳基準を形成する地道な働きをしているのがキリスト教会です。いったい誰が、すべての人間が「神のかたち」に創造された高価で尊い存在だと説いたのでしょう。いったい誰が、すべての人間には平等な教育の機会が与えられるべきだと説いたのでしょう。

いったい誰が、人間の価値は、その出生や学歴や経済力で決まるわけではないと説いたのでしょう。それはすべて、イエス・キリストが語られたことを、キリスト教会が世の人々に分かりやすく説いてきたことの結果ではないでしょうか。

政治と経済、また宗教界は、それぞれ異なった使命があり、それを混同してはならない面がありますが、それは完全に分離できるものでもありません。私たちキリスト教会はこの世の道徳規範を提供し続けてきたという自負心を持ちながら、市場経済を過度に批判的に見ることもなく、同時に私的利益追求の経済活動にある落とし穴も理解すべきでしょう。

第16章　異教社会で生きる知恵――ダニエル書から

ダニエル書には、異教社会で信仰者がどのように生きるかの知恵が記されています。今から約二千六百年余り前のエルサレムで、前途を有望視されていた少年たちが突然バビロン軍に連行され、文化も宗教も違う現在のイラクの地に住まわされました。ダニエルにとって自分の時は、紀元前六〇五年で止まったと思えたことでしょう。

しかし、すべての望みが絶たれたと思えた彼に、神は鮮やかにその後の世界の歴史の推移を見させてくださいました。神の支えなしに一瞬たりとも生きられないという環境の中でこそ、見せていただけるビジョンがあったのです。

「ユダの王エホヤキムの治世の第三年に、バビロンの王ネブカドネツァルがエルサレムに来て、これを包囲した」（ダニエル1・1）とは、エルサレムが滅ぼされる約二十年前の紀元前六〇五年の第一次バビロン捕囚の時のことを指します。バビロンの王はエルサレム神殿の宝物とともにイスラエル人の王族か貴族の子の中から選んで連れて来させましたが、「それは、その身に何の欠陥もなく、容姿が良く、あらゆる知恵に秀で、知識に通じ、洞察力に富み、王の宮廷に仕えるにふさわしく、また、カルデア人の文学とことばを教えるにふさわしい少年たちであった。王は、王が食べるごちそうや王が飲むぶどう酒から、毎日の分を彼らに割り当てた。三年間、彼らを養育して、その後で王に仕えさせることにした」（１・４、５）と記されます。

その上で、「彼らのうちには、ユダ族のダニエル、ハナンヤ、ミシャエル、アザルヤがいた」（１・６）と記されます。それぞれの名には、「神は私のさばき主」「主はあわれみ深い」「誰が神のようであろう」「主は私の助け」という意味が込められていますが、「宦官の長は彼らに別の名前をつけた。すなわち、ダニエルにはベルテシャツァル、ハナンヤにはシャデラク、ミシャエルにはメシャク、アザルヤにはアベデ・ネゴと名をつけた」（１・７）というのです。それぞれの意味は「ベル神の妻、王を守りたまえ」「月の神、アクを恐れる」「誰がアクのようであろうか」「ネボ神の家臣」という偶像の神々にちなんだ名前です。[59]

彼らにとってそれは耐え難い屈辱と思われたでしょうが、受け入れざるを得ませんでした。なぜなら、バビロンの王はそれぞれの民族の誇りを捨てさせ、彼らを徹底的にバビロン文化の中に取り込もうとしていたからです。

中間管理職の立場を立てる対応

しかし、そこで彼らは、自分たちの信仰を守り通すために、可能な抵抗を試み、「ダニエルは、王が食べるごちそうや王が飲むぶどう酒で身を汚すまいと心に定めた。そして、身を汚さないようにさせてくれ、と宦官の長に願うことにした」（1・8）というのです。

レビ記には、神の民が食べてはならないものが細かく規定されていました。特に豚肉を食べないとか、牛肉でも完全に血を抜く必要があるとの規定は、異邦人とユダヤ人を明確に区別させる力を持っていました。ただここで「王が飲むぶどう酒」までが「身を汚す」ものと描かれるのはレビ記に基づくものではありません。これは、王と同じ食事にあずかるということに、異教の王の家族の一員とするという意味が込められていたからだと解釈されます[60]。これは、異教徒の目から見たら途方もない特権ですが、それがかえって彼らを徹底的に王に依存した存在とし、自分たちがイスラエルの神の民であることを忘れさせることになります。

これは、現代的に言えば、会社という家族の一員とされ、力を持った上司の徹底的な子分とされるということに似ているかもしれません。日本の会社の家族主義は、しばしば、私たちの信仰を無力化させる方向に働きます。

ところがそこで、「神は、ダニエルが宦官の長の前に恵みとあわれみを受けられるようにされ」（1・9）ました。それで「宦官の長」は問答無用で彼らを従わせる代わりに、自分の不安を「私は、あなたがたの食べ物と飲み物を定めた王を恐れている。あなたがたの顔色が同年輩の少年たちよりもすぐれないのを、王がご覧になるのはよいことだろうか。あなたがたのせいで、私は王に首を差し出さなければならなくなる」（1・10）と正直に打ち明けます。

それに対しダニエルは彼の立場を理解し、柔軟な条件として「どうか十日間、しもべたちを試してください。私たちに野菜を与えて食べさせ、水を与えて飲ませてください。そのようにして、私たちの顔色と、王が食べるごちそうを食べている少年たちの顔色を見比べて、あなたの見るところにしたがって、このしもべたちを扱ってください」（1・12、13）と提案します。

それを聞いた「世話役は彼らのこの申し出を聞き入れ、十日間、彼らを試し」ました（1・14）。その結果「十日が終わると、彼らは……どの少年よりも顔色が良く、からだつきも良かった。そこで世話役は、彼らが食べるはずだったごちそうと飲むはずだったぶどう酒を取り下げ、彼らに野菜を与えることにした」（1・15、16）という、双方を生かす結論が生まれました。

これは、日本の職場や家庭にも適用できる原則です。私たちはどこかで、「人はみな、上に立つ権威に従うべきです」（ローマ13・1）という命令と、「あなたがたは、代価を払って買い取られたのです。人間の奴隷となってはいけません」（Ⅰコリント7・23）という命令の狭間で悩むことがあります。ダニエルが異教的な名を付けられることに服従せざるを得なかったように、私たちも自分の誇りを捨ててまで命令に従わざるを得ないことがあるかもしれません。しかし、時には、これ以上譲ってしまうと、神との関係が壊されるという限界に来る場合があります。その際ダニエルの対処が参考になります。彼は自分の信仰的な立場を優しく表現しながら、同時に、世話役が本当に恐れていることは何なのかを聞き出すことができました。

　私たちは、自分が信仰の原則を貫こうとするとき、上司や夫がどのような不安を持つのかということを考える必要があります。あなたの上司はその上の人の評価を恐れています。中間管理職の立場は微妙です。相手の立場になって考えていくと、おのずと私たちの信仰の立場をも尊重していただける方策が見えてくるものです。人はしばしば、恐れにとらわれるあまり攻撃的な態度で自己主張することがありますが、それは長期的にはマイナスにしかなりません。ダニエルが偶像礼拝の文化の中で、しなやかに自分の信仰を守った姿に倣いたいものです。

　その結果、ダニエルはこの宦官の長の顔を立てることができ、「神はこの四人の少年に、知識と、あらゆる文学を理解する力と、知恵を授けられた。ダニエルは、すべての幻と夢を解くことができた。……王が彼らと話してみると、すべての者の中でだれもダニエル、ハナンヤ、ミシャエル、アザルヤに並ぶ者はいなかった。そこで四人は王に仕えることになった。王は、知恵と悟りに関わる事柄を彼らに尋ねたが、彼らがそのすべてにおいて、国中のどんな呪法師、呪文師よりも十倍もまさっていることが明らかになった」（1・17―20）と描かれます。

ダニエルたちは神への忠誠を保ちながら、異教の文学や知恵を徹底的に学びました。それは信仰の障害になる代わりに、聖書の教えのすばらしさに目が開かれることになります。たとえば、私の生家は浄土真宗で、大学時代は親鸞の教えに親しみを覚えましたが、それはイエスを救い主として信じるための導入となりました。また『古事記』を学ぶことで創世記の記事の独自性に目が開かれました。私たちは日本人の心の奥底に根付く文化を学ぶ必要があります。それをよく理解するなら、異教を信じる日本人との協力関係がうまくいくようになります。

神はダニエルに王の夢を解き明かさせる

２章には、ダニエルがネブカドネツァル王の夢を説き明かす様子が描かれます。王は自分が見た夢のために心が騒ぎ、眠れないほどになりました。「そこで王は……呪法師、呪文師、呪術者、カルデア人を呼んで、王にその夢の意味を告げるように命じた」（２・２）と記されますが、当時の王の夢は、国の行く末に決定的な意味を持つことがありました。しかもこの時期は、ダニエルたちの三年間の訓練期間が終わっておらず、王の前に呼ばれることはありません。

そこで、王はカルデア人の学者たちに夢の解き明かしを命じます。学者たちは、「どうぞその夢をしもべどもにお話しください。そうすれば、私どもはその意味をお示ししましょう」（２・４）と言います。それに対し王は、まず、彼の見た夢が何であるか自体を知らせるようにと、無理難題を押し付けます。それは、呪法師、呪文師たちが、王の気に入るような解釈を適当に言うことを懸念したからではないでしょうか。独裁政権下ではこのようなことがよく起こります。しかし王は、この夢が自分の気に入るようにではなく、正確に解釈される必要があるという切迫感を覚えていました。それで王は、夢が何かを告げることができなければ「おまえたちは手足をばらばらにされ、おまえたちの家はごみの山となる」（2・5）と宣言します。

それに対し、「カルデア人たちは王の前」に出ながら、「この地上には、王の心のうちを明らかにできる者は一人もおりません。……肉なる者と住まいをともにされない神々以外に、それを王の前に示すことができる者はおりません」と必死に訴えます（2・10、11）。彼らの言い分はもっともであり、それによって、この夢の解き明かしは真の神によってしかできないことが明らかになります。ところが、「王は怒り、大いにたけり狂い、バビロンの知者をすべて滅ぼせと命じ」（2・12）ました。それは不合理とも思えますが、王はこれを国家の存亡がかかっていることと捉え、この緊急時に保身のための弁明ばかりをする御用学者などは百害あって一理なしと思えたのでしょう。王は確かに、彼らの心の奥底の動機を見抜いていました。

ただ、「この命令が発せられたので、知者たちは殺されることになった。また人々は、ダニエルとその同僚たちさえ捜して殺そうとした」（2・13）という不条理が起きようとしていました。彼らはまだ独立していないので先輩の学者たちとともに殺されそうになったのです。これに対し、「そのとき、ダニエルは、バビロンの知者たちを殺すためにやって来た王の親衛隊長アルヨクに、知恵と思慮深さをもって応対した」と描かれます（２・14）。自分の身に危険が及んでいるとき、大切なのは、悪い知らせ自体に反応する前に、それを知らせた人の身になって問いかけることです。

ダニエルは、王も、王の親衛隊長も批判することにならないように配慮しつつ、冷静に、「どうしてこんなに急な命令が王から出たのでしょうか」（２・15）と尋ねます。事の次第を聞いたダニエルは、大胆にも「王のところに行き、王にその夢の意味を示すため、しばらくの時を与えてくれるよう願」います（２・16）。彼が自分の身の安全ではなく、真に王の夢を解き明かそうといのちを懸けていることは、取り次いだ親衛隊長にも、王自身にも通じました。自分のいのちを捨てる覚悟を持った人の思いは、人の心に届くからです。

その後、「ダニエルは自分の家に帰り、自分の同僚のハナンヤ、ミシャエル、アザルヤにこのことを知らせ」（２・17）ます。問題を共有し、信仰の友とともに祈るためです。私たちも〝不当な要求〟を目の前にしながら、「そんなの無理！」と諦める前に、信仰の友と静かに祈ることができるなら幸いです。そしてここでは、そのような祈りの交わりの目的が、「それは、ダニエルとその同僚たちがほかのバビロンの知者たちと一緒に滅ぼされることがないように、この秘密について天の神にあわれみを乞うためであった」と記されます（２・18）。

そして「そのとき、夜の幻のうちにこの秘密がダニエルに明らかにされ」ます（2・19）。私たちの場合にはイエスご自身が「二人か三人がわたしの名において集まっているところには、わたしもその中にいるのです」（マタイ18・20）と保証してくださいましたが、これこそ信仰の友とともに祈った結果です。そして「ダニエルは天の神をほめたたえ」ますが、これを通して、夢が解き明かされるのは、徹底的に神のあわれみによるということが明確にされます。

彼は、「知恵と力は神のもの」と告白し、「神は季節と時を変え、王を廃し、王を立てる。知恵を授けて賢者とし、知識を授けて悟りのある者とされる。神は、深遠なこと、隠されていることを明らかにし、闇の中に何があるかを知り、ご自分の内に光を宿される」と神の知恵と力をたたえながら、その上で、「あなたは私に知恵と力を授け……王の心の内を私たちに明かしてくださいました」と感謝をささげています（2・20―23）。私たちも何かの洞察が与えられたとき、同じように神をたたえるべきではないでしょうか。

それからダニエルは、「アルヨクのもとに行き」、まず「バビロンの知者たちを滅ぼしてはなりません」と言いながら、競争相手になり得る異教の学者の身の安全を第一に求めます。その上で、「私を王の前に連れて行ってください。私が王に夢の意味をお示しします」と彼の立場をわきまえた言い方をします（2・24）。そしてアルヨクも、「ユダからの捕虜の中に、王に夢の意味を告げることができる男を見つけました」（2・25）と、ダニエルの知恵に信頼しながら、同時に、そこに彼を見出した自分の功績もやんわりとアピールすることができました。

ダニエルは王に向かって、夢の解き明かしは自分の知恵ではなくイスラエルの神のみわざであると強調しながら、「王が求めておられる秘密を王にお示しすることは、知者や、呪文師、呪法師、占星術師などにはできません。しかし天に秘密を明らかにするひとりの神がおられます。この方が終わりの日に起こることをネブカドネツァル王に示されたのです」（2・27、28）と述べます。

しかも、ダニエルは、「王よ。あなたが寝床で思い浮かべていたのは、これから起こることです」と言いながら、この夢は、王自身の問いかけから始まっていることを強調します（2・29）。これは、まさに王の心に寄り添った言い方ですが、それによってかえって、「秘密を明らかにされる方が、これから起こることをお示しになったのです」という神の圧倒的なみわざに目が向けられることになりました。その上で、「この秘密が私に明らかにされたのは、すべての生ける者にまさって私に知恵があるからではなく、その意味が王に告げられることによって、あなたの心の思いをご自身がお知りになるためです」と、すべてが王の必要にこたえるためであると、控えめな言い方をします（2・30）。

このダニエルの王に対する接し方、また中間管理職に対する接し方から教えられることは数多くあると思われます。しばしば、この世の権力者に対抗しようと戦闘モードになるキリスト者がいますが、それではかえって問題を複雑化するだけになってしまいましょう。

キリストの支配を告げる夢

ダニエルは夢の内容を正確に描写し、「王よ。あなたが見ておられると、なんと、一つの巨大な像が現れました。この像は巨大で、異常な輝きを放って……その姿は恐ろしいものでした。その像は、頭は純金、胸と両腕は銀、腹ともは青銅、すねは鉄、足は一部が鉄、一部が粘土でした。あなたが見ておられると、一つの石が人手によらずに切り出され、その像の鉄と粘土の足を打ち、これを粉々に砕きました。そのとき、鉄も粘土も青銅も銀も金も、みなともに砕け、夏の脱穀場の籾殻のようになり、風がそれを運んで跡形もなくなりました。そして、その像を打った石は大きな山となって全土をおおいました」（2・31－35）と言いました。

そして、その解き明かしが、2章37－45節に記されますが、その書き出しは、「天の神はあなたに国と権威と力と栄誉を授け、また人の子ら、野の生き物、空の鳥がどこに住んでいても、これをことごとくあなたの手に与えて、治めさせられました。あなたはあの金の頭です」というものです。つまり、ネブカドネツァルは自分の知恵と力によって世界の支配者になったのではなく、すべてが「天の神」からの賜物であるというのです。その上で、四つの王国の現れのことが鮮やかに啓示されます。しばしば、これらの王国が何を指すかばかりが注目されます。

一般的な解釈は、第一の王国がバビロニア帝国、第二の王国がペルシア帝国、第三の王国がアレクサンドロス大王によって建てられたギリシア帝国、第四の王国がローマ帝国であり、その第四の時代に救い主が現れるというものです。そして、そのように説明されると7章の四頭の獣のまぼろしとも一致しますから、その後の世界の歴史が見事に預言されたものとして大きな感動を呼びます。

ただし、それによって夢の中心テーマが見失われてはなりません。ここには、バビロンがペルシアに滅ぼされ、ペルシアがギリシアに滅ぼされ、ギリシアがローマに滅ぼされるという王国の興亡が描かれているのではなく、四つの国すべてが、ひとつの石によって打ち砕かれると記されています。事実、夢では「一つの石が……その像の鉄と粘土の足を打ち、これを粉々に砕きました」（2・34）と記され、その解き明かしでも、「一つの石が人手によらずに山から切り出され、その石が鉄と青銅と粘土と銀と金を打ち砕いた」（2・45）と強調されます。[61]

しかも、この夢は、ネブカドネツァルが、「これから起こることを……思い浮かべていた」ことに対する神からの啓示として示されていますが、この王がなぜ、ギリシア帝国やローマ帝国の様子を知る必要があるというのでしょう。彼が知る必要のあるのは、自分の国を滅ぼすペルシア帝国のことで十分ではないでしょうか。

しかし、この夢ではどこにも、バビロニア帝国を滅ぼす国が現れるとは記されず、ただ、

「あなたの後に、あなたより劣るもう一つの国が起こり」（2・39）と言われているに過ぎないのです。決して、自然淘汰のように、次から次と、より優れた国が現れて、劣った国を滅ぼしていくというようには描かれていません。それどころか、歴史の流れとともに、金、銀、青銅、鉄、粘土と価値が劣っていくという変遷が描かれています。

ところで、第四の王国は、鉄と粘土が子孫の間で互いに交じり合うと記されますが（2・41―43）、これはローマ帝国が様々な異なった文化を持つ国々をまとめることで未曾有の世界帝国となることを指していると思われます。それは現代の多国籍企業の原点であり、人間の知恵による組織化の成功の模範のようなものです。

しかし、「鉄が粘土と混じり合わないように」（2・43）、その結束力は弱く、それは「一つの石」によって簡単に崩されるというのです。それに対して、「一つの石」から始まるキリストの王国は、鉄の強さによってではなく、一人ひとりの心のうちに働く御霊の力によって、地道な愛の交わりを作り出し、世界に広がって行きます。

つまり、ネブカドネツァルにこの夢が示された理由は、彼が恐れるべきは、より強い国、より優秀な指導者が現れることではなく、すべてを一度に滅ぼすことができる、「一つの石」である方の登場にあるからなのです。これは神がご自身の民、イスラエルのために遣わす救い主を指します。多くの人々は、競争者の台頭や、仕事がより優秀な人によって奪われることを恐れています。しかし、歴史は優秀な者が劣った者を淘汰するという流れでは進むわけではありません。私たちが真に恐れるべき方は、すべての王国、すべての人を支配する「天の神」であり、私たちが望みを置くべきは、目に見える王国ではなく、「一つの石」から生まれる永遠の国のことなのです。それは、イエス・キリストご自身が王として支配される「神の国」のことです。

神のご支配を信じて抵抗すべき時

この後、「ネブカドネツァル王はひれ伏してダニエルを拝し」「あなたがたの神こそ、神々の中の神、王たちの主、また秘密を明らかにする方であるに違いない」と、ダニエルの神こそ真の神であると認めます（2・46、47）。そして、「王は、ダニエルを高い位に就けて、多くのすばらしい贈り物を与え、バビロン全州を治めさせて、バビロンのすべての知者たちをつかさどる長官とし」ました。

しかも、「王は、ダニエルの願いによって、シャデラク、メシャク、アベデ・ネゴに、バビロン州の行政をつかさどらせた」（2・48、49）という驚くべき展開が見られます。これは、ヨセフ物語よりはるかにスケールが大きなものです。なぜなら、この直後エルサレムを滅ぼすのがネブカドネツァル王であり、王を支える知者たちを治めていたのは、エルサレムの貴族の息子たちなのですから……。つまり、エルサレムを滅ぼすのは、ネブカドネツァル王である前に、「王を廃し、王を立て……知恵を授けて賢者とし、知識を授けて悟りのある者とされる」「天の神」ご自身であるということが明らかになるのです。

私たちはこの世の出来事をあまりにも人間的な観点から見てはいないでしょうか。唯一恐れるべき方は、「天の神」です。その方こそが、この世のすべてを、また、この地の動き自体を支配しておられるのです。私たちはしばしば、「なぜ、このような悲惨な地震が起き、猛烈な津波が起きたのか……」と疑問を持ちます。しかし、それ以前に、私たちは、「なぜ、地球の自転が一定速度で保たれ、水と空気が与えられ、四季の繰り返しがあり、大隕石も落ちてこず、洪水が日本をのみ込むことがないのか……」と問いかけるべきではないでしょうか。

停電になって電気のありがたさが改めて分かるように、私たちは大災害にあって初めて、この地球を創造し守っておられる神の恵みに気が付くのではないでしょうか。すべては当たり前ではないのです。というより、当たり前のことがどれだけの大きな恵みなのかを忘れてはいけません。人間の知恵と力がこの世界を保っているというわけではないのです。

なお、この後、ダニエルの三人の友人が、ネブカドネツァルが建てさせた巨大な金の像を拝むことを拒否して、火の燃える炉の中に投げ込まれます。しかし、彼らは何の害も受けませんでした。それによって王は、世界中の民に、彼らの神に対して「不敬なことを口にしないように」と命じ、彼らを「バビロン州で栄えさせた」と記されます（3・29、30）。この場合でも、この三人は王の政治や権力に立てついたのではありません。あくまでも、イスラエルの神以外のものを拝まないと言っただけなのです。ですから、その結果も、何かの政策が変わったというより、天の神の栄光を拝するという形になっていきます。そして、ダニエルと三人の友人は政権中枢にとどまり続けます。

　歴史的には、ダニエルたちがバビロンに連行されてから二十年後にイスラエル王国が滅ぼされ、エルサレム神殿も廃墟とされます。ダニエルと三人の友人たちが政権の中枢にいたとき、ネブカドネツァルはエルサレムを滅ぼしたと思われます。ですから、人間的に考えると、彼らのなすべきことは、エルサレム神殿を滅ぼさないようにいのちがけで王に立ち向かうことでしょう。しかし、彼らは、エルサレムを滅ぼすのは、ネブカドネツァルである前に、天の神であると知っていたのです。

　このあと、ダニエル書6章では、ダニエルがペルシア帝国で高い地位に置かれていたとき、大臣たちの妬みを買って、罠にはめられた様子が描かれます。そこで、彼らはペルシアの王以外の者に祈願する者は、ライオンの穴に投げ込まれるという法律を作りましたが、ダニエルはそれを知りながら、日に三度、エルサレムの方角に向かってひざまずき、自分の神に向かって祈っていました。それは、その四百数十年前にソロモンがエルサレム神殿を建てた後、神に向かって数々の祈りをささげた際、その七番目で、将来的なバビロン捕囚を予期しながら、「捕らわれて行った捕囚の地で、心のすべて、たましいのすべてをもってあなたに立ち返り……私が御名のために建てたこの宮の方に向かって祈るなら、あなたの御座が据えられた場所である天から、彼らの祈りと願いを聞き……あなたの民を赦してください」と祈っていたことが背景にあります（Ⅱ歴代誌6・38、39、Ⅰ列王記8・48―50参照）。

つまり、ダニエルは人間のあらゆる想像を超えた、神の永遠のご計画を思い起こしながら、「心のすべて、たましいのすべてをもって」必死に神にすがり、イスラエルの回復を願っていたのです。それに比べたら、自分が罠にはまっていのちを落とすことなど、小さく思えたことでしょう。その結果、ライオンの穴に投げ込まれましたが、彼は何の傷も受けず、王のさらなる信頼を受けるようになり、反対に、彼を計略にかけた者たちは、家族とともにライオンに噛み砕かれることになります。

この場合でも、「国政についてダニエルを訴える口実を見つけようとしたが、何の口実も欠点も見つけられなかった。彼は忠実で、何の怠慢も欠点も見つからなかったのである」（6・4）と記されています。ダニエルが大臣たちから訴えられる理由は、エルサレムの神を拝み続けていたということだけなのです。

当然ながら、ダニエルはバビロニア帝国に仕えていたときも、またペルシア帝国に仕えていたときも、ユダヤ人としての自分の気持ちに反する政治を、王命に従って執行せざるを得なかったことでしょう。後に使徒パウロは、「人はみな、上に立つ権威に従うべきです。神によらない権威はなく、存在している権威はすべて、神によって立てられているからです」（ローマ13・1）と記しますが、この背後に、ダニエル書の物語があったのではないでしょうか。

私たちがこの世の政治を考える場合、また、職場の権威者に従う場合、ダニエルの柔軟性と、彼の断固たる態度から学ぶことができます。ダニエルはたぶん、エルサレム神殿の破壊を止めたいと熱い思いになっていたことでしょうが、彼はそのために戦いはしませんでした。しかし、ダニエルも三人の友人も、王または王の像を拝むように命じられたときには、自分のいのちを懸けて拒否しました。私たちもこの世の真の権威者がどなたであるかを認め、その方が生きて働いておられるという神のご支配の現実を今ここで見出し、この世の権威に対しては柔軟に、また時には断固たる態度を取るべきでしょう。

第17章　「新しい創造」の中に生かされる

二〇一六年、私は二週間の休暇をいただいて、世界的に尊敬されている神学者N・T・ライト教授にお会いしてきました。ライト氏は、英国国教会代表の上院議員として、二〇〇三年から七年間、国政に関わったこともある方で、それに先立つ紀元二〇〇〇年には、ヨベルの年運動として、開発途上国の債務免除のための先進国の協調への動きにも陰ながら力を発揮しました。そこで、同氏の新刊『The Day the Revolution Began: Reconsidering the Meaning of Jesus's Crucifixion（革命が始まった日――イエスの十字架の意味の再考）』という本を個人的にいただいてきました。

ライトはその本で次のように述べています。

「十字架において、イエスはまさに、人々を隷属させている力を滅ぼされた。初代のクリスチャンにとって、革命は最初の聖金曜日に起こったのだ。支配者や権力者たちは確かに死の一撃を受けた。それは、『それで私たちはこの世から逃げて天国に行ける』という意味ではなく、『今やイエスはこの世界の王であられる。それで私たちは主のご支配のもとで生き、主の王国を宣言しなければならない』という意味である。革命は始まった。それは続かなければならない。イエスに従う者は、単にその恩恵を受けられるというばかりでなく、王国の代理人（agents）とされたのだ[62]」

イエスの十字架は世界を変える革命であったという見方は、とっても新鮮に響きました。たとえば、近代国家では、その人の出生や能力にかかわらず、すべての人の基本的人権が認められており、それは犯罪者にまで及んでいます。それは、イエスが罪人の救いのためにご自身の身を犠牲とされたことを原点としています。また、当時のローマ帝国では皇帝を神の子としてあがめない者は死刑にされることがありましたが、キリスト者は新しい王国の代理人(agents)として、その死の脅しに屈することなく、社会的弱者を受け入れる愛の交わりを築き、広げました。そして、遂にはローマ皇帝さえもイエスを「神の子」として礼拝するようになりました。

ライト先生は何よりも「新しい創造」を福音提示の中で強調することを勧めてくださいましたが、それは私が仕える立川福音自由教会のヴィジョンとして「新しい創造をここで喜び、シャロームを待ち望む」として言語化されていると申し上げると、心から喜んでくださいました。

ローマ帝国の剣の支配に打ち勝ったキリスト者

旧約聖書に描かれていた「救い」とは、イスラエルの民を、エジプトの奴隷状態から解放することであり、また、バビロン捕囚から解放することでした。ダビデ、ソロモンのもとで繁栄を極めたイスラエル王国は、その後、カナンの偶像礼拝に魅せられて、自分たちをエジプトの奴隷状態から解放してくださったまことの神に背きました。

それに対する神のさばきとして、イスラエルの民がバビロニア帝国の中心地域に強制移住させられました。彼らは自分たちの生活の場での仕事を失い、奴隷の生活を強いられ、指定された地域に暮らすしかありませんでした。その後、ペルシア帝国がバビロニア帝国を滅ぼし、またペルシア帝国をアレクサンドロス大王のギリシアが滅ぼし、さらにそれから分かれた国々がローマ帝国に滅ぼされました。イスラエルの民は、支配者が変わるたびに自由の幅が広がっていきましたが、それでも異教徒の権力者の圧政に苦しんでいました。彼らは剣の力で人々を服従させせました。

そのような中で、イエスの福音は、ご自身に信頼する人々に永遠のいのちを与えました。「永遠のいのち」とは、今の不自由な「いのち」が永遠に続くという意味ではありません。それは神の平和（シャローム）が全世界をおおう「新しい天と新しい地」のいのちが、今から始まるという意味です。イエスの御名によって、イエスの父なる神に祈りながら生きる者は、すでに「新しい天と新しい地のいのち」を生き始めています。

三位一体論を弁護した教父アタナシオスは、一般の高校教科書にも登場するほど有名ですが、彼の著作はあまり普及していません。その初期の著作に『言の受肉《ロゴス》』があります。それはキリスト教が公認されて十五年しかたっていない三二六年頃の著作と思われ、次のような記述があります。

「人々はキリストを信じる前には、死を恐ろしいものとみなし、死を恐れているのである。ところが、この方への信仰とこの方の教えに転ずると、進んで死に立ち向かい、死に対して成し遂げられた復活の証人になるまでに、死を意に介さぬのである。実に、年端も行かぬ幼児までもが死ぬことを熱心に求め、男だけでなく女たちまでもが、訓練を積んで、死に備えているのである。こうしてかつて悪魔に惑わされていた女たちまでもが、もはや死を死んだもの、萎え果てたものとして弄《もてあそ》ぶまでに無力なものとなってしまったのである。実に圧政者が真の王によって打ち負かされ、手足を縛られたなら、その前を通り過ぎる者は皆、その王は打破され、彼の奇矯な所業や暴行をもはや恐れなくてよいので、彼を殴打し、ののしって、彼を愚弄するように、同じく、十字架の上の救い主によって死が破られ辱められ、手足を縛られたので、キリストによって歩む者たちは皆、死を踏みにじり、キリストの証しをしつつ、死をあざ笑い、かつて死に対して書き記された『死よ、お前の勝利はどこにあるのか。陰府《よみ》よ、お前の刺はどこにあるのか』（Ｉコリ15・55）という言葉を口にしつつ、死を愚弄するのである」[63]（傍点筆者）

ここでは、幼児までもが殉教の死を望むかのような描写に違和感を覚えますが、何よりもここに記されていることの中心は、ローマ帝国の剣の脅しが、キリスト者たちに何の効果も発揮できなくなったということです。つまり、ローマ帝国の支配下で、彼らは自由な人として生き始めたのです。それどころか「キリストの教えに帰依するや否や、不思議なことに、心を刺し貫かれたかのように殺戮の残虐行為を捨て、もはや抗争を考えず、以後、彼らのあいだにはあらゆる点で平和と友愛への思いがあるのみになったのである」[64]という目に見える生き方の変化が生まれたと記しています。キリストのうちに生きる者は、置かれている環境に関わりなく、心の自由を持つことができます。ただ、これは生きるだけで精一杯な社会の中での自由でした。

選択の自由が生きる力を生み出す

一方、現代は、一人ひとりに最低限の生活が政府によって保障されていますが、そのような中で、選択の自由が奪われる社会もあり得ます。私が一九七九年に当時の東ベルリンを訪問したときのことです。観光バスに乗ったところ、バスガイドの女性が、嬉しそうに微笑みながら「東ドイツには西側諸国のような失業問題がありません」と語っていました。当時の私は、妙にそのことばに感心してしまいました。その頃、私は、西ドイツのドイツ語学校で研修を受けていましたが、そこにいたロシアから亡命してきた女性に、そのことを聞いてみました。すると彼女は、「あなたは何も分かっていないのね」という感じで呆れながら、「それは失業する自由がないという意味ですよ」と語ってくれました。実は当時の共産主義諸国の最大の悲劇とは、「選択の自由」がないということでした。彼らは、自分が望んだ仕事に就けないとき、政府が指定した仕事に就く以外の選択肢はありませんでした。

一方、当時の西ドイツでは（今もそうですが）、授業料がかからない国立大学に在籍しながら、自分の望む職種に就けるまで待ち続けることができました。また当時の共産主義国では基本的にすべての国民に住宅があてがわれていました。しかしそれも、住む場所を自分で選択することができないこととセットになっていました。住宅がないと政府に言えば、政府が指定する場所に自分の意に反してでも住むしかありませんでした。

このように、職業選択の自由、住まいを選ぶ自由がない状態も、昔の奴隷の立場と同じではないでしょうか。しかし、それにしても、日本の大会社に勤務するか、上級公務員になった人も、様々な職種を転々とさせられ、頻繁に命じられるままに転居を繰り返す必要があります。高い給与が保障されてはいても、住まいも自由に決められないという点では奴隷と同じ立場なのかもしれません。従業員すべてを「イエ」の一員かのように見る日本の勤務システムは社会主義的なのかとも思われます。そこでは、一人ひとりの自由な発想が組織の調和の前で抑圧される傾向が生まれます。

米国で「小さな政府」の大切さを説いた伝道者のような経済学者ミルトン・フリードマンは、市場経済の機能を『選択の自由』として描きました。その初めで彼は次のように記しています。

「アダム・スミスが『諸国民の富』と題する著作で示したすばらしい洞察のなかでも、もっとも大事だと思われるもののひとつは、実にきわめて簡単なことだ（実のところ、あまり簡単なことなので、かえって逆に人々に誤った理解を持たせてしまうこともある）。それは二人の人や二つのグループの間で行われる交換が、当事者の自発的な意志にもとづくものである限り、その交換によって利益をえることができると、どちらの側も信じているのでなければ、交換が実際に行われることはない、ということなのだ。

経済学上の誤った考えの大半は、この簡単な洞察をおろそかにして、世の中には常にある一定の大きさのパイ（洋菓子）しかないと考え、したがって誰かが利益をえるためには、必ず他の誰かがその犠牲にならなくてはならないと想像してしまう傾向から発生してきている。……

世界中の多くの人々が、どんな中央集権的な命令も必要としなければ、お互いに話し合ったりお互いに好きになったりすることさえ必要とせず、しかも、お互いが協力しながら、それぞれなりの利益を促進できるようにするという仕事を、われわれのためにやってくれるのが『価格機構』だ。……

アダム・スミスが天才としてのひらめきを見せたのは、売り手と買い手との間における自発的な交換（これを簡単に言えば「自由市場」）から発生してくるいろいろな相対価格が、それぞれなりに自分の利益を追い求めている何百万人もの人々の活動を相互にうまく調整し、その結果、すべての人々の生活が以前よりは良くなるようにしてくれるのだと、気づいた点だ。『それぞれなりに自分自身の利益しか追求しておらず、経済秩序などを生み出そうなどとまったく意図していないというのに、これらの多くの人びとの活動は、結果的にそのような秩序を発生させることができるのだ』という考えは、アダム・スミスの

時代においてひとつの驚くべき考えだったが、今日においてさえ依然としてそうだ」[65]（傍点筆者）

ただし、私が「市場経済の何よりの魅力が『選択の自由』にある」と語ったところ、フリードマンが住んでいた「シカゴには、『選択の自由』など持っていない極貧の人々もいるのよ」と教えてくれた人もいます。確かにそのような社会的な弱者を守る政府の責任を私たちは主張する必要がありますが、同時に、その貧しい人々にも「選択の自由」を享受していただけるようなシステムを考える必要もあります。それは決して、市場経済を否定することで可能になることではありません。かえってそれを否定することで、より多くの社会的弱者を生み出すこともあり得るのですから。

「選択の自由」と「思想、信教の自由」

第二次大戦後間もなくの中国を支配した共産党は一九五八年から六一年にかけて大躍進政策を採ります。それは市場経済を完全否定して政府が農業と工業を完全管理して大増産を図り、十五年間で米国経済を追い越すという大計画でした。しかし、これは大混乱を招き、共産党の内部文書でも四、五〇〇〇万人、フランク・ディケーター博士の研究によると七、〇〇〇万人が餓死したと推測されるとのことです[66]。

そこでの悲惨は、たとえば共産党の地方幹部が自らの保身のため生産量の過剰申告をしますが、それを信じた中央政府が大量の農産物をソ連に輸出することを決め、辻褄合わせに農村から食料が洗いざらい徴発され、餓死を引き起こしたなどという例です。

この大失敗によって毛沢東は一時失脚し、その間、市場経済が部分的に導入されます。しかし、毛沢東はそのような政策を、共産主義を資本主義的に修正するものと批判し、文化大革命運動を展開します。それは一九六六年から一九七六年の毛沢東の死去に至るまで続きます。その間、一億人近くが何らかの被害を受け、国内の大混乱と経済の深刻な停滞を生み出しました。鄧小平が率いる改革派は一九八一年に文化大革命を「党、国家、国民が被った最も重い損失」と宣言するまでに至ります[67]。

人間的には、毛沢東が権力欲にとらわれた極悪人であったため、この悲惨が起きたと解釈したくなりますが、彼が民衆の尊敬を集めていたのには、それなりの人徳があったためと見るほうが自然でしょう。根本的な問題は、彼が理想に燃え過ぎていたことかもしれません。聖書によると最初のアダムの罪は、自分を神の立場に置き、自分を善悪の基準としたことによるからです（創世記3・5、22）。

自分の理想を絶対化する人は、それに反する理想と戦わざるを得なくなります。毛沢東は中国を心から愛していたがゆえに、異なった考え方の人を排除せざるを得なかったと考えるべきでしょう。そしてそれは、ヒットラーにもスターリンにも当てはまることではないでしょうか。それに対して、市場経済にはそれを動かすイデオロギーはありません。ただ、そこに参加する人々の好みや志向が、価格メカニズムに反映されているだけです。しかし、それこそが最大の魅力と言えます。

現在の中国はその反省に立って市場経済を積極的に導入し、著しい経済発展を遂げてきましたが、共産主義の本来の理想であった平等社会には恐ろしいほどに反した状態になっています。市場経済が思想の自由を刺激すると米国では期待されていましたが、欧米の市場経済の中で生まれた最新の情報技術を用いて恐ろしいほどの監視社会を実現してしまいました。しかし、本来は、「思想の自由」と「選択の自由」は切り離せない関係にあります。皮肉にも、マルクスの『共産党宣言』の発行を可能にしたのはエンゲルスという企業経営者です。市場経済と思想の自由がなければ共産主義が広まることはありませんでした。それに対し、共産党支配のもとでは、党の思想に真っ向から反する考え方を出版する自由は生まれません。党は自分の思想を絶対化せざるを得ないからです。

中国のような例外はありますが、「神のかたち」としての自由な思想と行動は、市場経済の中でこそ発揮され、推進されます。先に記したように、自由な市場では、ある商品がある価格で取引されることの中に、売り手と買い手双方の満足があります。そしてその双方のウィンウィンの関係から、経済活動が進みます。それに対し、市場経済を否定した社会では、国家権力による強制力、つまり、恐怖心によって人々が動かされます。それは社会全体の雰囲気を決定的に変えるものです。

ローマ帝国の「剣の脅し」に、古代教会の信仰者は屈することなく、福音が社会全体の人間観を変えていきました。しかし、共産主義的な思想は、貧しい人々の生活を保護するという理想のもとで、人々の自由な発想を抑圧するようになります。剣の脅しには抵抗できた信仰者が、残念ながら、共産主義的な理念に対しては、「人々を隷属させる力に屈するように」、急に弱気の姿勢になることがあります。それは貧富の格差を生み出す市場経済の負の側面ばかりを見て、このシステムがどれほど人間の自由な発想や想像力を生かしてきたかを忘れてしまうからではないでしょうか。「神のかたち」としての人間の尊厳は、市場経済における「選択の自由」として表されるという面があります。聖書の安息年やヨベルの年の教えは、「選択の自由」と「貧富の格差の是正」を両立させる神の知恵と見ることができます。

すでに始まっている「新しい創造」

現代の多くの信仰者にとって、何よりも大切なのは、自分の日々の生活を「新しい創造」の観点から見られるようになることではないでしょうか。それは、「私たちは今後、肉にしたがって人を知ろうとはしません。……だれでもキリストのうちにあるなら、その人は新しく造られた者（新しい創造）です。古いものは過ぎ去って、見よ、すべてが新しくなりました」（IIコリント5・16、17、カッコ内筆者）と記されているとおりです。「キリストのうちにある」者は、すでに創造主なる御霊を受けた神の国の代理人（agents）になっています。そこから新しい神の国の価値観が生まれ、それが世界の常識を、時間をかけて変え続けています。「新しい創造」はすでに始まっているのです。

たとえば、会社はお金で計られる利潤を求めて動きます。しかしそれは、お金の奴隷となっているわけではありません。適正な利潤が確保されるのは、何よりも、その会社の製品やサービスが多くの消費者から必要とされていることの証しとも言えます。そして、市場経済は、消費者の必要と生産者の働きを結び付ける精巧なシステムです。しかもそれは、今から三千年以上も前の貨幣（お金）の発明から始まっています。市場経済もお金も、システムや道具に過ぎません。問われているのはそれを扱う人間の責任です。そして市場は、何よりも人々が何を望んでいるかをストレートに反映し、お金はその望みをかなえてくれる人のもとに流れて行きます。確かに、それが歪んだ形で現れ、かつては英国のような国でさえ、麻薬や奴隷売買を堂々と行い、アヘン戦争では軍事力を用いたことさえあります。

しかし、キリストの福音が時間をかけて人々の意識を変えていきました。ごく普通の人々が聖書を自分への神からのメッセージとして読むようになったのは、欧米の識字率が急上昇する十九世紀末からのことだと思われます。それと信仰復興運動が並行して起きています。それとともに人々の価値観が変わってきています。普通の若者が、「イエス様だったら、これをどう見るだろう」と問いかけるようになりました。今や普通の人が、麻薬や人身売買に自分のお金が使われてはならないと主張します。

またたとえば、かつての日本では、代議士の選挙にはお金が大きな影響力を発揮していましたが、今や、お金を見せることはマイナスのイメージになります。それらは法律で規制されたという以前に、世論の変化がその底流にあることは間違いありません。

創造主を求めない人々の間でさえ、理念やビジョンが人々の心を動かし、お金の流れが変えられていきます。そして、振り返ってみると、すべて人の存在価値を無条件に認めるという価値観や、軍事力や権力によって自分の願いを実現しようとしてはいけないという価値観など、現代の社会の良心として認められている様々な価値観は、すべてイエスご自身から始まっているとさえ言ってもよいでしょう。

信仰者は、「神の国」がこの地に広がることを願っています。そのためにはまず、私たちの福音理解が、矛盾に満ちた社会からの逃避を目標とする天国志向から、この世界が神の平和

（シャローム）に満たされる「新しい天と新しい地」を待ち望むという、実生活に生かされるものへと変えられる必要があります。そして、そのビジョンを実現するために、「お金」は大切な道具なのです。

サタンとの戦いの中にある世界

ところで、この世界の変革を願う際に、注意すべきことがあります。この世界は、人類の父祖アダムが自分を神のようにした結果、「のろい」のもとにあるということです（創世記3・17、22）。そこでは常に、「神々」となった人と人との利害の対立があり、理想と理想がぶつかる戦いが、国家間の戦争から家庭にまで及んでいます。サタンは、その背後で、「お金と権力」こそが問題解決の鍵だとささやき、人を「お金と権力の礼拝者」へと変えようと画策し続けています。そして、そこには、社会の動きに従わない人を社会から排除しようとする「死の脅し」が伴ってきます。

それに対し、神の御子は、ご自身の力を捨て、私たちと同じひ弱な人間になることによってサタンの力を砕かれました。それは、「子たちがみな血と肉を持っているので、イエスもまた同じように、それらのものをお持ちになりました。それは、死の力を持つ者、すなわち、悪魔をご自分の死によって滅ぼし、死の恐怖によって一生涯奴隷としてつながれていた人々を解放するためでした」（ヘブル2・14、15）と記されているとおりです。

ただ、サタンはイエスの十字架と復活以来、自分の敗北を悟り、断末魔の抵抗を続けています。ですから、この社会では、福音によって世の人々の価値観がきよめられていくという進歩とともに、黙示録に記されているような終わりの時代の苦難、背教が激しくなっていきます。

たとえば黙示録17章では、「大バビロン、淫婦たちと地上の忌まわしいものの母」（5節）という政治権力と結託した富の支配の横暴が記されています。それは当時のローマ帝国の広大な単一通貨の経済圏を背景としてすでにあったものですが、現在のグローバル市場経済にも重ねてその問題を見ることができます。

たとえば、その中で中間層が没落するという形で社会の矛盾が現れると、それが民族主義の台頭、強権的な問題解決へと向かったりします。サタンはその背後で、神々となった人と人との対立をあおり、神のご支配を見えなくさせていきます。そのような、権力による問題解決の動きに対して、イエスは、隣人との愛の交わりを広げるという地道な神の国の拡大を求めておられるのです。

矛盾に満ちた世界の中でキリストに倣う

私たちはキリストに結び付くことによって、力による問題解決ではなく、「ご自分を空しくして、しもべの姿をとり……それも十字架の死にまで従われました」（ピリピ2・7、8）というキリストの姿に倣う道に、人生の美しさを見出すことができるようになりました。それは、この社会におけるすべての仕事や市場経済下の働きの中に現すことができます。

ある特定の仕事を聖なるものと見たり、またある働きを過度に汚れたものと見たりすることは、今ここに生きて働いておられる神のご支配を軽視することにほかなりません（かつては私自身も証券業務を過度に悪く見過ぎていたと、反省しています）。キリストの再臨まで、サタンの働きはやむことがなく、この世の矛盾は続きます。ですから、どんな仕事の中にもサタンの支配の現実が表されています。しかし、そのような絶対的な聖さの視点からばかり自分の仕事を見ると、社会の中に生きることすらできなくなります。

この世から、「お金」がもたらす矛盾が消えることはありません。しかし、私たちはそこで、お金や権力の奴隷になることなく、キリストに倣った「新しい創造」の中にある者としてのユニークな生き方を探り求めて行く必要があります。それは、それぞれの分野で全く違った形で表されることでしょう。そして、「新しい創造」の中に生きる者にとって、「自分たちの労苦が主にあって無駄でないことを知っている」（Ⅰコリント15・58）という告白こそ、揺るがない確信です。それは、イエスが死者の中からの「初穂」としてよみがえってくださったからです。

市場経済やお金の暴走を批判することは誰にでもできます。聖書は、それ自体を罪悪視し、それと離れることを勧める代わりに、富と権力の奴隷にならずに、死に至るまでキリストに忠実に生きることだけを命じます。しかもその際、天地万物の創造主ご自身である聖霊が、私たちのうちに生き、私たちをこの世の矛盾の中に遣わし、神のかたち、小さなキリストとして用いてくださいます。

その際、タラントやミナのたとえにあるように、神は私たちに与えられた賜物やお金を、神の国のビジョンのために豊かに用いることを期待しておられます。それは音楽家や芸術家が、神の国の美しさをシンフォニーや芸術作品を通して表すために日々訓練を積むことに似ています。お金に使われずに、お金を賢く使うことができるための訓練も、現実の教会には求められています。そして、創造主なる聖霊が、あなたに創造的なお金の管理の仕方を導いてくださるのです。

今回のコロナ危機は民主主義への挑戦とも言われます。中国は感染制御のため巨大都市の全面封鎖から始まり、誰と誰が接触し、どのように行動しているかまでを監視することによって〝世界一安全な国〟を完成したとも言われ、それが香港の自由を奪うまでになりました。一方、ドイツのメルケル首相、台湾の蔡総統、ニュージーランドのアーダーン首相、フィンランドのマリン首相を初めとする女性リーダーは、国民との対話を何よりも重視し、一人ひとりの自覚を促すことで感染を抑えています。私たちにも選択が迫られています

おわりに

二〇一八年十二月に、不思議な導きで、野村證券の一九七六年入社同期会に参加し、三十二年ぶりの再会を喜び合うことができました。ともに営業で苦しんだというだけで気持ちが通じ合うことがあるものです。その後、大学時代の友人たちとも会う機会が増え、それぞれの職場での様々な体験を聞くことができました。そのような中から、本書執筆の構想が生まれました。一年近くかけてほぼ完成したと思ったとき、未曽有の新型コロナショックに出会いました。ただ、活動自粛の中での最終仕上げのため、時代の大きな変化に合わせた加筆を行うことができました。

証券会社での葛藤やその業界のことを書き過ぎたかもしれませんが、「きわめて個人的なことは、普遍的なことでもある」という先達の知恵をもとに、あえてそうさせていただきました。お一人おひとりの立場とはかなりかけ離れている面もあるかもしれませんが、不条理に満ちたこの競争社会で生きざるを得ないことから生まれる悩みの根本は似ているのかと思わされています。

ただ、ひょっとして証券市場の大切さをご理解くださり、すぐにでも証券会社の窓口に行きたいと思われる方もいらっしゃるかもしれませんが、ご自分が何をしたいのかが分からないいま行くのは危険です。時に、自分のやり方を貫いて株式の売買をしているうちはうまくいっていたけれども、証券会社のアドバイスに従ったとたん、大損してしまったという例もあるからです。すべてにおいて大切なのは、「神のかたち」としての誇りと責任意識をもって行動することです。

私の周りには、総合商社、銀行、証券会社、保険会社、会計専門家、小学校教師、大学教授、官庁勤務者、獣医師、プラントエンジニアリング、非営利組織、サービス業、情報技術者、農業、海外援助活動に関わる方やその経験者などがおられ、そのお一人おひとりにインタビューをさせていただきました。しかし、それをどう解釈したかは、私自身の責任ですので、ほとんど個人を特定できないように記しております。ただ、どちらにしましても、それぞれの職場に適用できるように、そのような生きた会話をもとに本書が記されているということをご理解いただければ幸いです。

また、聖書に記された仕事やお金に関する記事とともに、後半部分には、政治や経済に関することも、私自身の考え方を披露させていただきました。それは、現実の矛盾に満ちた世界での仕事の中に、神からの召命感と生きがいを感じていただきたいからです。私たちが遣わされ、生かされている世界には多くの問題がありますが、それを皮肉に、斜に構えて見ても、何も生まれはしません。

ですから、矛盾に満ちた職場で働く意味を考える前の枠組みとして、現実の日本の市場経済の中での様々な組織や経済活動の実態を、もっと温かい目で見てほしいと願っています。そしてこの拙著が、そのために少しでもお役に立つことができるなら、ほんとうに嬉しく思います。

本書の執筆を応援してくださった立川福音自由教会の愛兄姉、また多くの信仰の友、また大学時代以来の未信者の仲間たち、またもとの野村證券の同僚たちに心より感謝申し上げます

また原稿を細部に至るまで丁寧に見ていただき、出版へと導いてくださったいのちのことば社の田崎学氏とスタッフの方々のご労に心より感謝申し上げます。表紙のデザインの長尾優さん、筆者写真の石黒ミカコさんの働きに感謝します。そして誰よりも、この執筆作業に集中できるように助けてくれた妻の洋子に感謝しております。

二〇二〇年七月

高橋秀典

注

1　ユヴァル・ノア・ハラリ『サピエンス全史（上）文明の構造と人類の幸福』柴田裕之訳、河出書房新社、二〇一六年、四三、四九頁。
2　Martin Luther, *Lecture on Genesis*, Luther's works, vol. ed.3, Perikan (Saint Louis: Concordia, 1958, P.61)
3　N.T.Wright, *The Day the Revolution Began: Reconsidering the Meaning of Jesus's Crucifixion*, pp.78-80, "Call to the Royal Priesthood".「王なる祭司としての召命」の項目で黙示録5章、ペテロの手紙の関連が論じられている。
4　ティモシー・ケラー『この世界で働くということ――仕事を通して神と人とに仕える』峯岸麻子訳、いのちのことば社、二〇一八年、二〇二―二〇四頁。なお、カッコ内の筆者による解説は、本著の第九―一二章を筆者なりに解釈して要約したものである。
5　前掲著、三七五頁、注一四五。
6　Timothy Keller, *Center Church: Doing Balanced, Gospel-Centered Ministry in Your City*, Zondervan, 2012, pp. 223-232.
7　マーヴィン・キング『錬金術の終わり――貨幣、銀行、世界経済の未来』遠藤真美訳、日本経済新聞出版社、二〇一七年、一二八、一二九頁。
8　マックス・ウェーバー『プロテスタンティズムの倫理と資本主義の精神』阿部行蔵訳、河出書房新社、一九七五年、一七〇頁、第一章三。
9　『聖書 フランシスコ会聖書研究所訳注』二〇一一年、シラ書解説

10 『聖書 聖書協会共同訳』二〇一八年、シラ書11章20―22節。
11 Martin Luther: *Biblia Germanica1545*: Würtenbergischen Bibelanstalt Stuttgart 1967
12 ウェーバー前掲著、原注24、一六四頁。
13 ウェーバー前掲著、一三一頁、第一章1。
14 唄野隆編『キリスト者の職業と召し』いのちのことば社、一九九五年、二二四頁
15 マタイ11章28―30節に関して、Eugene Peterson の自由訳聖書 The Message の訳が興味深い。日本語にすると、次のように訳すことができる。
「あなたは疲れ、消耗していないだろうか。宗教に燃え尽きていないだろうか。わたしのもとに来なさい。わたしとともに脱出しなさい。それによってあなたは、自分の人生を回復できるのです。わたしはあなたに、どのようにしたら真の休みを得られるかを見せてあげよう。わたしとともに歩み、わたしとともに働きなさい。わたしがどうするかを見ていなさい。強制されることのない恵みのリズムを学びなさい。わたしはあなたに重すぎる重荷やあなたに合わない重荷を負わせはしない。わたしとの交わりのうちに歩みなさい。そうするとあなたは自由に楽に生きられることを学ぶことができますよ」
16 ジョン・オートバーグ『神が造られた「最高の私」になる』中村佐知訳、地引網出版、二〇一五年、三八九―四〇〇頁。
17 フラウィウス・ヨセフス『ユダヤ古代誌』秦剛平訳、XVIII・一二、一四、山本書店、一九八〇年、一二、一四頁。
18 フラウィウス・ヨセフス『ユダヤ戦記 II―VIII』一六二、一六四』新見宏訳、山本書店 一九七五年、二五二、二五三頁。
19 野村證券ホームページ 創業者「野村徳七」創業の精神 一括PDFファイルから
20 President Online 2018/06/15 田中道昭（立教大学ビジネススクール教授）の記事
21 トヨタ自動車ホームページ「トヨタ自動車75年史」から

22 ルター『キリスト者の抵抗権について――この世の権威について』徳善義和訳、聖文舎、一九七三年、一七、一八頁。
23 ルター前掲著別文書「軍人もまた救われるか」一四七頁。
24 岸千年『改革者マルティン・ルター』聖文舎、一九七八年、一三三頁。
25 ルター前掲著「軍人もまた救われるか」一四八頁。
26 「日経ビジネス」二〇〇八年三月二十八日号、佐藤正明氏の記事から
27 矢内原忠雄 聖書講義第三巻『黙示録』角川書店、一九四九年、一五八、一五九頁。
28 海老沢有道、大内三郎『日本キリスト教史』五六〇頁。
29 矢内原忠雄 前掲著、一五九頁。
30 ユヴァル・ノア・ハラリ『21 Lessons―21世紀の人類のために21の思考』河出書房新社、六七、六八頁。
31 ハラリ前掲著、四〇二、四〇三頁。
32 公益法人 日本生産性本部「労働生産性の国際比較２０１９」から
33 グローバルノート――国際統計・国別統計専門サイト 世界の労働時間国別ランキング
34 Alan Culpepper, *The Gospel of Luke*, The New Interpreter's Bible, Volume IX, Abingdon Press, 1995, p. 363.
35 N. T. Wright, *Jesus and the Victory of God*, Fortress Press, 1996, pp. 637. ライトは、マタイ25章のタラントのたとえ、ルカ19章のミナのたとえの背後に、マラキ２・17に続く3・1―5の主のさばきがあると見ている。
36 *International Standard Bible Encyclopedia*, Eerdmans, 1982. Interest の項目10。
37 Lensky, *The Interpretation of St.Matthew's Gospel*, pp. 987, 988. これらは時に全世界の人々に対するさばきと理解されるが、イエスを信じる者はすでに選ばれた者として、このようなさばきを受ける必要はない。40節で「すべての国々の人々」と記されていることばは「異邦人」を指す言葉であり、キリストの弟子と

された人々は、異邦人であっても「選ばれた神の民」とされている。

38 N. T. Wright, *How God became King*, HarperOne, p. 89. 第二神殿が建てられた前五三八年頃以降の時代は、基本的に、神の不在の時期、神は去っておりまだ戻っていないと見られていた。それこそがマラキの時代の人々が儀式を守ることに飽き飽きしていた原因である。

39 N. T. Wright, *Jesus and the Victory*, p. 460, "The Pharisees, more specifically wew boddage of Mammon"

40 桑原晃弥『スティーブ・ジョブズ名語録』ＰＨＰ文庫、二〇一〇年、五五頁。

41 Ｐ・Ｆ・ドラッカー『非営利組織の経営』上田惇生訳、ダイヤモンド社、二〇〇七年、一六八—一六九頁。

42 Tom Wright, *Matthew for Everyone*, part 1, Westminster: John Knox Press, 2002, p. 63.

43 ユヴァル・ノア・ハラリ『サピエンス全史（上）文明の構造と人類の幸福』柴田裕之訳、河出書房新社、二〇一六年、一〇七頁。

44 ハラリ前掲著、二三〇頁。

45 トマ・ピケティ『21世紀の資本』山形浩生、守岡桜、森本正史訳、みすず書房、二〇一四年。それぞれの数字は三二八頁の図9—2、五二一頁の図14—1、五二五頁の図14—2から引用。

46 前掲著、三二八頁の図9—2。

47 前掲著、八一、一〇一、一〇三頁の図2—3。

48 ＪＥＴＲＯビジネス通信 EU統計局、二〇一九年十月、二〇一三年十月。

49 李栄薫編著『反日種族主義——日韓危機の根源』（1反日種族主義の神学）文芸春秋、二〇一九年、二〇〇—二一三頁。

50 https: //hinode.8718.jp/janitor_01.html 日本近、現代史の歴史認識、二〇一七年九月二十二日記事。

51 朝日新聞デジタル、二〇一八年一月二十二日、ダボス＝寺西和男氏記事。

52 高橋琢磨『21世紀の格差——こうすれば、日本は蘇る』ＷＡＶＥ出版、二〇一五年、一〇三頁。

53　前掲著、三七頁。
54　前掲著、三九頁。
55　N. T. Wright, *Jesus and the Victory of God*, pp. 502-507.
56　戸部良一、寺本義也他『失敗の本質――日本軍の組織論的研究』ダイヤモンド社、一九八四年、二八〇頁。
57　アダム・スミス『国富論』二、杉山忠平訳、岩波文庫、二〇〇〇年、三〇三、三〇四頁。有名な「（神の）見えない手」という記述は、それぞれ各四百頁を超える四巻にわたる文庫本の中でこの箇所にたった一度しか登場しない。しばしば、この神の見えない手はまったく機能しなくなったとか批判されることがあり、確かに一時的に市場が歪められることがあるが、これにまさるシステムを私たちが開発することができていないのも事実である。アダム・スミスの最大の主張は、分業にあるが、政治と経済の役割分担にもこれは当てはまると言えよう。
58　ラス・ロバーツ『スミス先生の道徳の授業――アダム・スミスが経済学よりも伝えたかったこと』村井章子訳、日本経済新聞社出版、二〇一六年、一二、五二、五四、二六六頁。
59　*ESV Study Bible*, Crossway Bibles, 2008, p. 1586)
60　Jocyce Baldwin, *Daniel*, Tyndale Old Testament Commentaries, Inter-Versity press, 1978, pp. 82, 83.
61　N. T. Wright, *The Resurrection of the Son of God*, Fortress Press, 2003, p. 115. ライトはダニエル2・31―45、7・2―27は基本的に同じことを記していると言いながら、そのテーマはダニエル10―12章にも流れ、それが11章の終わりから12章初めの記事に結び付き、別のレンズで見たものとして描かれていると説きます。まさに、2・31―24の解釈こそがダニエル全体の鍵なのです。
62　N. T. Wright, *The Day the Revolution Began: Reconsidering the Meaning of Jesus's Crucifixion*, HarperOne, 2016, pp. 391, 392.
63　（アタナシオス『言《ロゴス》の受肉』（27・3、4）小高毅訳、平凡社、中世思想原典集成2 盛期ギリシャ教父、

一九九二年、一〇二頁）

64 前掲著（52・6）一三二頁。

65 M&R・フリードマン『選択の自由——自立社会への挑戦』西山千明訳、日本経済新聞社、二〇一二年、二一、二二頁。

66 フランク・ディケーター『毛沢東の大飢饉 史上最も悲惨で破壊的な人災1958―1962』草思社、二〇一一年、一二三頁。

67 cultural revolution, Wikipedia, 2018-08-25.

著　者
高橋秀典（たかはし・ひでのり）

1953年北海道大雪山のふもとで誕生。
北海道大学経済学部卒業、在学中の米国交換留学中に信仰告白。
1976－86年、野村證券株式会社勤務。
同社派遣でドイツ・ケルン大学留学、フランクフルト支社勤務。
1989年、聖書宣教会聖書神学舎卒業。
東京都立川市で開拓伝道。
現在、立川福音自由教会牧師。

著書：『哀れみに胸を熱くする神』（ヨシュア記から列王記まで解説)、『今、ここに生きる預言書』(大預言書とダニエル書解説)、『小預言書の福音』（12小預言書の解説）『正しすぎてはならない』（伝道者の書の私訳と解説）など旧約聖書の解説書７冊、『恐怖からの解放者イエス』（ヘブル書の私訳と解説）をいのちのことば社から、『聖書から見るお金と教会、社会』など２冊を地引網出版から発行。
翻訳監修：J・フーストン著『キリストのうちにある生活―日本と欧米の対話の向こうに』

職場と信仰
――“不当な要求”を受けたとき

2020年 9 月20日発行

著　者　高橋秀典
印刷製本　日本ハイコム株式会社
発　行　いのちのことば社
〒164-0001 東京都中野区中野2-1-5
電話 03-5341-6923（編集）
03-5341-6920（営業）
FAX 03-5341-6921
e-mail:support@wlpm.or.jp
http://www.wlpm.or.jp/

ISBN978-4-264-04183-2